みんなが幸せになる
精神障害者雇用

統合失調症の人と働くために知っておきたいこと

立正大学特任准教授
キャリカ代表理事
松岡広樹

目次

はじめに

精神障害者雇用の実態

現在、法定雇用率が引き上げられ、大きな転換期を迎えた障害者雇用。具体的には、2021年3月に、民間企業は2．2％から2．3％へ、国や地方公共団体などは2．5％から2．6％へ、都道府県などの教育委員会は2．4％から2．5％へと、それぞれ0．1％ずつ法定雇用率が引き上げられました。また、民間企業の対象範囲も、企業規模が45．5人から43．5人へと拡大されています。

その中で、新たな労働者として期待されているのが、精神障害のある方です。しかしながら、最新の調査で就職してから同じ職場で1年間働き続けている人の割合はおよそ半数と、健常者や他の障害の方たちと比べても極めて低い状況であることが報告されています。

早期離職の背景にあるのは、統合失調症者自身の病状把握などの自己理解が不十分であることと、企業側が十分なノウハウを持ち合わせていないことが挙げられます。実際、統合失調症は外から見えにくい病気です。そうすると、一緒に働く社員も障害があると頭では理解していても、配慮ができずにうまくいかないケースがあります。

障害がある人は、社会の何らかのバリアによって生活しづらいことがあります。

そのような中で、２０２１年5月の障害者差別解消法の改正により、障害者への**合理的配慮の提供**が民間の事業者にも義務付けられました。

合理的配慮とは、厚生労働省配布のリーフレットによると「**役所や事業所に対して、障害のある人から、社会の中にあるバリアを取り除くために何らかの対応を必要としているとの意思が伝えられた時に、負担が重過ぎない範囲で対応していく**配慮のこと」です。

これまで民間の事業者は「努力義務」とされていた合理的配慮が、国や地方公共団体などと同様に「義務」とされ、企業は障害者雇用の合理的配慮を実施しなければならなくなったのです。当事者が直面している困難や周囲の環境に応じて必要な合理的配慮は異なりますが、例としては、以下のようなものが挙げられます。

「指示理解が困難な方には、複雑な指示ではなく一つ一つに分けて伝えたり、イラストを使って説明すること」「疲労や緊張しやすい方には休憩スペースを設けたり業務時間を調整すること」「読み書きが困難な方には音声読み上げソフトで学習できるように配慮すること」

「移動が困難な方には、スロープやエレベーターを設置すること」。このように合理的配慮は、障害があっても、障害のない人と同様に社会活動に参加し、自分らしく活躍できるための調整を法律化したものです。

もっと身近な例を挙げれば、私が外国に行けば、会話ができずまともな社会生活が送れなくなり、ある意味障害者となるでしょう。

その時の合理的配慮を考えてみると、身振り手振りを使って会話をする配慮は負担なくできそうですが、専属の通訳者をつけてほしいと配慮を依頼し会社に多額の請求をすれば、会社側はそこまで配慮しなくても良いことになるでしょう。

統合失調症があっても、ひとりひとり違った個性があり、彼らが平等に幸せを追求する権利を持っています。ですが、症状がある彼らにとって、生きづらい、働きづらい障壁はまだまだ残っているのが現状です。

一方で、周りの環境を整えたり、適切なサポートをしたりし、その人と環境の間の障壁を取り除く合理的配慮を行うことで、これまでできなかったことができるようになります。

なお、ここでいう精神障害とは、統合失調症を含めた精神疾患のことを表して記しています。

この研究を始めたきっかけ

私がこの統合失調症の研究を始めたきっかけは、自身の体験が大きく影響しています。私は大学の福祉学部を卒業して、新卒で勤めたのが高齢者の介護施設でした。介護士をしていたのですが、当時の介護業界は、日勤、早番、遅番、夜勤の4交代制であり、夜勤は16時間勤務、拘束時間がなんと20時間以上という超激務な仕事でした。

今ではあり得ない仕事量でしたが、当時は若く遊び盛りであったため、そんな夜勤が終わっても遊んだり飲んだりとめちゃくちゃな生活を送っていました。生活リズムは乱れ、疲れても眠れなくなっていきました。

その生活が続く中で、3日間ほとんど眠れなかったある日のことでした。

職場での会議中に、突然、大きな声で「死ね！」という言葉が聞こえてきました。その時は一体何が起こったか分かりませんでしたが、頭に「ガーン！」という衝撃を受け、その声に困惑しながらも周りを見渡しました。遠くにいた職場の同僚が言ったようにも感じました。

しかし、「死ね」と言える場面では決してなかったため、現実的にその人ではないとすぐ思い直せました。ただ「このまま仕事をしていたら体が壊れてしまう」という恐怖を感じて、次の仕事を決めずに、逃げるように数ヶ月後に退職することにしました。

ただ働かなければ生活はできなかったため、仕事は探していました。たまたま知り合いから「うちに就職しないか」と声をかけてもらい、とりあえず何でも良いと考えて二つ返事で受けました。その就職先は、精神障害者地域生活支援センターで、精神障害のある方の生活相談をする仕事でした。

そこで精神障害の方と初めて関わることになったのですが、その時の印象は「自分とほとんど変わらない」という驚きでした。見た目は普通ですが、何か疲れ切っていて、覇気はなく、まとまりのない会話をされていました。一日中、タバコを吸い、コーラやコーヒーを飲みながら、仕事もせずにぶらぶらとしている方もいました。

自分と彼らとの違いは何かと考えた時、彼らにはただ社会での役割がないことや、人間関係が希薄であることぐらいでほとんど違いはありませんでした。

また、このセンターでは、農作業を取り入れたリハビリテーションも行っていました。彼らと一緒にたった2時間程度の農作業をしたのですが、彼らは元気に作業をされていました。しかし、私はとても疲れを感じ全く体が動かない状態でした。今まで小学校から大学まで野球をやってきたため体力には自信がありました。しかし全くダメで、ヘトヘトで体が動きませんでした。

この体力がない状態であった自分は、人をサポートできる立場ではないと考えもしました。ただせっかく入社できたのだから「まず3年はやってみよう」「自分も元気になりながら、みんなも元気に支援していくんだ」と決心しました。これが統合失調症の職業生活を研究しようと思えた体験でした。そこで、社会的に役割を失い元気を失っている彼らには、「仕事をするのが一番元気になる近道だ」と考え、上司にお願いして、20年前の2002年から精神障害者の就労支援を始めました。

当時、障害者雇用率制度の対象となるのは知的障害と身体障害のみで、精神障害は入っていませんでした。障害者雇用率制度に入っていない精神障害は、ハローワークに行っても障害者雇用で働ける機会はほとんどありませんでした。そのため当事者の多くは「障害を隠して就職する」という、いわゆる「クローズ就労」の形で就職されていました。

当時関わっていた当事者は30代、40代でした。そのため、パートタイム求人に募集したとしても、年齢的に疑われて不採用となり短時間で働くことができませんでした。

つまり、働くには「フルタイムの週40時間の仕事」、この選択肢しかなかったのです。

そのような条件でしたので、就職してもすぐに離職する人ばかりでした。長く持って1ヶ月、短い人は1日でした。

就労支援を通して統合失調症の方を「元気にしたい」という志は、全くうまくいきませんでした。諦めずにどうサポートすれば良いのか試行錯誤の日々が何年も続きました。その積み重ねの中で、ある一定の法則を発見し、徐々にサポートの方法が見えてきて継続して働ける方が増えてきました。

しかしながら、この方法は自分の経験値でしかなく、根拠は全くありませんでした。また、人に教えるにもうまく伝わらず、哲学的だとかマニアックな考えだと受け取られ、もどかしいことが度々ありました。

そこで、大学院に行き、経験値ではなくセオリーにしたい、そして統合失調症の幸せな働き方を明らかにし、日本の精神障害者の就労支援をより良くしていきたいと思い、統合失調症の職業生活の質の研究を行いました。

私は、この歩みによって多くのものを得ることができました。現在は起業し、その研究に基づいて仕事をしています。この知見をもっと多くの方に伝えて、誰もが共に働ける社会を作っていきたいと考え、出版することにしました。

推薦の言葉

筑波大学大学院・人間総合科学学術院　リハビリテーション科学学位プログラム
准教授　八重田　淳

もし私たちがもっと幸せに働けたら、心の病も逃げて行くのではないでしょうか。著者の松岡広樹さんは、筑波大学大学院でこの研究テーマに取り組まれました。

いくら働いても幸せが逃げて行くような世の中にはうんざりします。働き過ぎて心と体を壊し、大切な人を失い、お金がなくなり、喜びもなくなると、私たちは人生を見失ってしまいます。

本書は、統合失調症の方々を含み、私たちの幸せな働き方とは何か、どうすればうまく働けるかについて多くのヒントやきっかけを与えてくれます。「そういうことか」と心がふっと軽くなると思います。

本書の「おわりに」には松岡さんご自身の体験も記されており、とても勇気づけられます。是非、あわせてご一読ください。

第1章

統合失調症の人との関わり方

統合失調症の人にとっての「働きがい」と「幸せな働き方」

この本のベースとして、「働く精神障害者の職業生活の質（Quality of Working Life）に関する研究」で得られた統計データを活用します。これは松岡・八重田（2015）が働く統合失調症の方を対象に調査した研究に基づいています。この研究は、実際に企業で働く182名の統合失調症当事者の皆様と、27の就労支援機関のスタッフの方々のご協力の上で得られた貴重なデータになります。

ではQuality of Working Life（以下：職業生活の質）の研究とは何でしょうか。これは職業生活の質と訳され、簡単にいえば、統合失調症の方にとって「働きがいのある幸せな働き方とは何か」を探る研究になります。

調査結果から、職業生活の質は、性格やその人を取りまく環境から影響を受けていることが示されました。統合失調症の方が幸せに働くためには、症状や障害があるため健常者に比べて、より多様な要素が必要であると考えられます。実際統合失調症の特徴は、ストレス耐性に弱く、疲れやすいなどがあります。当事者にとってストレスがかかる仕事は、どうしても離職や再発のリスクが伴います。

精神障害者の離職率は非常に高く、何度も失敗体験を繰り返す方がいます。本研究で示された離職回数は平均が４・２回で、最も多かった方はなんと31回でした。

そこで、職業生活の質に影響する要因を統計的に理解できれば、彼らにとってより良い働き方を示すことができるのではないかと考えています。

もちろん幸せな働き方は１００人いれば１００通りあります。それは統合失調症の方にとっても同様で、全てがわかるわけではありません。人は機械ではないので、そのような統計に当てはめられたい人は少ないのではないかと思います。

一方で、厚生労働省によると平成29年の日本の精神疾患患者数は実に４００万人を超えています。企業では働き方改革が求められ、メンタルヘルスを含めた仕事のあり方が模索されているのが現状です。

そこで統合失調症の職業生活の質を統計的に明らかにすることができれば、統合失調症の方だけではなく、働くすべての人々にとっての重要なメンタルヘルスの指標になると考えています。

統合失調症の人が最も必要とするサポートとは？

エビデンスとは「証拠」のことですが、研究者は確からしい学術論文の結果を統合した科学的なエビデンスを重視します。突然ですが、職業生活の質の研究から得られた知見から、クイズを一つ出したいと思います。

Q．統合失調症の当事者が職業生活の質を高める上で、職場において最も必要とされるソーシャルサポート（関わりの支援）は何でしょうか。次の四つから一つ選んでください。

①参考になる意見を言ってくれたり、相談に乗ってくれたりする人がいる。
②用事を引き受けてくれたり、必要なサポートをしてくれたりする人がいる。
③参考になる意見を言ってあげたり、相談に乗ってあげたりする相手がいる。
④用事を引き受けてあげたり、必要なサポートをしてあげたりする相手がいる。

さてどれでしょうか。

統合失調症の当事者の方は、配慮を必要としていますので、この問いをすると多くの方が①か②を選びます。職場にサポートしてもらえる環境があれば、働きやすく、長く続けることができると考えるからです。

しかしながら、研究調査の結果からは、最も重要なソーシャルサポートは③の「参考になる意見を言ってあげたり、相談に乗ってあげたりする相手がいる」ということでした。

つまり、職場に自分の意見を取り入れてもらえる関係性があることが、職業生活の質を高めていきます。

多くの人が、統合失調症＝助けてあげる存在という考えを持っているかもしれません。

もちろん困った時に相談できたり、体調が悪い時に助けてもらえたりする環境があれば、安定した働き方が可能になるでしょう。ただ、サポートされて働きやすい環境があれば良い訳ではない、という結果でした。

この結果を通して、エビデンスは、人の盲点を明らかにし、固定観念を壊してくれる強力なツールになることが理解できたのではないでしょうか。

障害者雇用の現状

２０００年前半まで障害者雇用の対象になっていたのは、身体障害と知的障害のみでした。平成18年「障害者雇用促進法」の改正で、この二つの障害に加えて、精神障害も対象としてよいことになりました。

しかし、それはあくまでも、精神障害者を雇っている場合は、身体障害者・知的障害者として「みなす」ことで、雇用の数としてカウントしてもよかったという制度でした。平成30年4月の改正で「精神障害者の雇用義務化」になり、ようやく障害者種別に制限がなくなりました。障害者雇用制度に正式に精神障害が位置付けられ、精神障害者の多くの方が働ける機会が増えていくことが期待されています。

その中でさまざまな雇用形態も生まれており、近年ではサテライトオフィス型の外注雇用が広がっています。サテライトオフィスとは、障害者が勤務するスペースを社外に設置し、別の会社のスタッフによるサポートを受け業務を行う場所で、国が定める法定雇用率を満たすさまざまな業種の企業が利用されています。なぜなら、企業内に障害者を受け入れずに、数字上は法令遵守ができる利点があるからです。

さまざまな雇用の選択肢が広がることは良いことです。事実、障害福祉事業所で得られる工賃よりも多くもらえて、やりがいをもって働かれている方がたくさんいます。これからもこの形態の雇用の需要は増えていくことでしょう。

一方で懸念するのは、障害者雇用がその軸足に傾きすぎると、多様性（ダイバーシティ）の理念からかけ離れてしまうことです。現在日本を引っ張っている大企業が、自社に障害者を含む多様性を持ち込まないのは、何かもったいない気がしています。なぜならば多様性のある社員がいる企業は、会社を拡大していくのに有効だと言われているからです。多様性のある企業は、社員の心を豊かにし、能力を育みます。

私には、経営の指南役といえる人物がおり、彼がかつての上司の話をしてくれることがあります。その方は、第二次世界大戦で士官をされ、次のように話されていたそうです。「軍隊には、障害あるなしに関係なく、いろんな人が来た。どんな人がいても、まとめあげる力のある人が軍隊を統率することができた。それは経営も同じ。よき人材を選んでよい結果を得るのは当たり前。どんな人もどう活かすかを考えられる人がその上を行くんだ」。

障害者雇用には、企業が多様性を育む力となり、多くの利益をもたらすポテンシャルがあります。実際、人的資源管理を研究する二神枝保氏は、「企業が、人種、国籍、民族、性別、障害の有無などにかかわらず多様性にあふれる人材を取り込むことで、創造性や柔軟性を育み、競争優位をもたらすことが、世界中の実例でも明らかになっている」ことを示しています。

しかし、そのことを知らない企業は未だに多くあるのではないでしょうか。

もちろん、統合失調症に関するより良い働き方を示したガイドラインはほとんどありません。そのため、試してみたい、雇ってみたいと積極的に雇用を検討できない現状もあるでしょう。そうした中で、私は統合失調症の方が、より良く働くための根拠のあるガイドラインの必要性を感じています。

夏目漱石も統合失調症だった!

「統合失調症」がどういった病気か分からない方も多くいるのではないでしょうか。

ここでは、統合失調症を患っていながらも、我が国に大きな功績を残した有名人を紹介したいと思います。

それは、夏目漱石です。

漱石は日本人でもっとも有名な作家の一人です。

あまり知られてはいませんが、精神科医の高橋正雄氏の研究によると、漱石は統合失調症でした。

処女作の『吾輩は猫である』をはじめ『坊ちゃん』『草枕』を次々に世に送り、文名を揚げた30代後半。そして、『こころ』『道草』などの傑作でその人気作家としての地位を確立した40代の後半。

これらの傑作は、いずれも統合失調症の症状が最も悪かった時期の創作活動から生み出されたものでした。

それは障害を受け入れて、その葛藤を描き続けたものでした。彼の功績は、「統合失調症でも、新たな価値を創作し、社会に影響を与えることができる」ことを証明したといえるでしょう。

ただ、もし漱石のまわりの人たちが、この「吾輩は猫」というフレーズを単なる精神症状と見ていれば、正反対の評価を受けていたかもしれません。

彼は、統合失調症の症状に苦しみました。もちろん生きづらさもあったと思います。その苦しみの経験は、今でも多くの人々の心を打ち、癒し、励ます力となっています。

このような漱石の功績は、統合失調症の価値や可能性を高めるとともに、彼に対する周囲の関わりは、会社で働く統合失調症当事者への支援の手がかりになると考えられます。

才能を開花させた漱石。その周囲の人たちは、彼の「ない」ところではなく、「ある」ところを見ながら関わっていたのではないでしょうか。私はそう思えてなりません。

統合失調症があっても働きがいがある職場をつくるためには、当事者の「ある」ところを活かそうとする創造性を働かせることが大切になるのでしょう。これはどの企業でも作り出すことが可能ではないでしょうか。

精神障害者の離職率はこんなに高かった

平成24年厚生労働省は、がん、脳卒中、急性心筋梗塞、糖尿病の大疾病に、新たに精神疾患を加えて「5大疾病」とする方針を決めました。

平成23年の患者調査によると精神疾患の患者数は300万人以上で、5大疾病で最も多い数になりました。糖尿病の約240万人を大きく上回り、がんの約150万人の2倍でした。精神疾患はいつ誰がなってもおかしくない病気で、みなさんの近くにも苦しんでいる方もいることでしょう。

ある調査によると障害者離職率は、1年間の離職率の平均が、身体障害者は12%、知的障害者は9%、精神障害者はなんと44%でした。つまり、精神障害者は他の障害者と比べると約4倍、また非障害者と比べて約3倍離職率が高い数値でした。

では離職の要因は何でしょうか。

離職に関する調査では次のような四つの事象が報告されています。

1. 人と関わることに対して過度な緊張、不安や恐れを感じやすくなる

例えば、職場の人が何も言っていなくても、自分を悪く言っているのではないか、嫌われているのではないか、などの思考が止まらなくなっていきます。

頭の中は被害的な考えに囚われてしまい、ぐるぐるした考えは眠りを妨げて、症状を悪化させることがあります。苦しい思考がやまず、一刻も早くそこから離れたい思いが離職につながるのでしょう。

2. 疾病とは関連のない生活上の要因

これは、例えば余暇の過ごし方や、家族との関係などです。

休日をゴロゴロと過ごしていると、頭の中に勝手に浮かんでくる考えに振り回されてしまうことがあります。浮かんでくる思考はネガティブなことが多く、休日も休んだ気がし

なくなるでしょう。

また家族が安心できる相手ではない場合は、仕事と同じでいつもどこか不安な状況が続き、気分転換がはかれないこともあります。

3. 離職期間によって違いがある要因

離職要因は、6ヶ月未満で辞めた人たちは仕事へのモチベーションの低下によるものが多いとされて、一方で6ヶ月を超えて1年未満で辞めた人はその職場の能力不足によることが原因だと言われています。

また、短時間の働き方では、雇用期間3年以内は良好に雇用継続ができていますが、3年を過ぎた後に急速な離職傾向が示されています。

一概に短時間労働が有効ではなく、雇用期間によって異なることが示されました。障害者雇用には、仕事がしやすいような「働きやすさ」はありますが、挑戦する楽しみなどの「働きがい」や「キャリアップ」がある業務が少ないために、キャリアプラトーというキャリアの行き詰まりからやめていく人も多いのではないかと考えられます。

４．職場内に相談者がいないこと

第５章に「当事者が相談できない理由とその対応について」を書きましたが、当事者の多くが、上手く相談できずに一人で悩みを抱え込んでしまいます。その結果、離職に至るケースがあります。

これらの離職要因のエビデンスから考えられる合理的配慮には、次のようなものがあります。

○緊張せず黙々と作業できる業務内容にする
○福祉関係者と連携し生活を整える
○ステップバイステップのキャリアアップ制度を整える
○職場に相談者を置く

このようにエビデンスを活用すれば、職業生活の質を高めていくことが可能になります。

統合失調症は100人に1人

統合失調症は、誰もが発症する可能性のある病気です。

現在日本では80万人近くの人が治療を受けています。また、若い人が発症しやすい病気です。およそ80％は、15歳から30歳の間に発症すると言われています。統合失調症になる原因はいろいろと言われていますが、統計的に分かっていることは約100人に1人が発症する病気だということです。

この統計の興味深い点は、世界中のどこの国でも、先進国でも発展途上国でも、この確率は変わらないことです。

皆さんは統合失調症と聞くと、どのように感じますか。未だにネガティブな印象を持っている方も多くいるのではないでしょうか。「治らない病気」「退院できない病気」「廃人のようになる病気」などなど。

確かに一昔前は鉄格子の入った精神科病棟で「目がうつろで、ボーッとした表情で、独り言をぶつぶつとしゃべっている人」がいました。私が初めて働いた職場は、母体が精神科病院であったため、本社（精神科病院）内に行くと、多くの方がそのような感じでしたので、当時の自分にとっては正直不気味でした。

20年前は確かにそういう状況もありましたが、今の様相は変わってきています。それは新薬が開発されて、従来の薬とは異なり、副作用が少ないものに変わってきたからです。以前は多くの副作用があり、薬を飲むだけでも大変でした。薬の量も何十錠と手にいっぱいにして飲む方も多く、側から見ると、それだけでお腹がいっぱいになりそうなぐらいの量を飲まれていました。

なお、当時の薬は健常者が同じ薬を一錠でも飲むと、一日中体が動かなくなるぐらいの強い作用があったそうです。

現在、主流になっている薬は、そうした副作用が極めて軽く、5分の1程度に軽減されたと言われています。その点から見て、もはや統合失調症のネガティブなイメージは過去のものです。現在は通院しながら、職業生活を送る方もたくさんいますし、結婚して子供を育てる方もいます。その中で、統合失調症の方の働き方も見直していく必要があると考えています。

繰り返しますが、驚くべきは世界中どの国でも統合失調症患者の比率は同じということです。

すなわち、人間という動物には、ある一定の確率でこの病気が生じるメカニズムがあるということです。であるならば、一定数統合失調症の方がいることを前提に、共存できる社会システムを考えていくのが良いと考えます。

今までの社会の形が常識であるのであれば、その常識を横に置いて、多様性の社会を創造することを始める必要があるのではないでしょうか。

統合失調症の人は疲れやすい

統合失調症の症状の一つに疲労感があります。体を使っていなくても、少し行動するだけで疲れてしまうという症状です。どうしてでしょうか？

統合失調症の方は、健常者と比べて、脳の前頭葉の血流量が低く、それが疲労感につながると言われています。脳を検査すると、疲労感を感じている人ほど前頭葉に特徴的な血流量の低下を示します。

「長く使ったスマホのバッテリーの減りがいつの間にか早くなっている」という経験をされた方も多いでしょうが、同様に脳も使い過ぎて使用できる領域が減少しているとも考えられています。

人間は脳をたくさん使う動物で、それは社会生活を送る上で必要なことです。しかし、使い過ぎればダメージを負うため、ゆったり過ごす時間が必要です。

ただ、彼らはそういう時間を確保したとしても、考えがあれこれ浮かんで、思考が止められないことがあります。

休日でも仕事を思い出したり、人間関係のことに悩んだり……。

そこで、合理的配慮としては、**休日前に一区切りがつけられ、休日に考えを持ち込まないような業務にするの**が良いでしょう。また勤務中緊張し疲れやすい方には、**休憩スペースを設けたり、労働時間を調整したりして、頭を休めながら働ける環境づくり**を心がけましょう。

統合失調症の人への声のかけ方

統合失調症の症状には、陽性症状と陰性症状があります。

陽性症状の陽性とは「本来あるはずのないものが現れる」という意味です。幻聴や幻覚のように現実に起こっていないことがあるように感じることを陽性症状と言います。

陰性症状の陰性とはその逆で「本来、心の中にあるはずのものが存在しない」という意味になります。

健康な人は感情や意欲がありますが、これらのものがない状態とされています。そのため、陰性症状は、なかなか症状として理解されづらく、怠けや努力不足と見られてしまうことがあります。

陰性症状では喜怒哀楽の感情表現が乏しくなり、意欲や気力、集中力が低くなって、周りに興味や関心を示さなくなるのです。

また、言葉の数が極端に少なくなり薄い内容になったり、話しかけても短いそっけない内容の返事となったり、もしくは全く答えられないこともあります。

職場の人からすると、「話をするのが嫌なのかな」「避けられているのかな」と感じて、居心地が悪くなったり、距離を置きたくなったりするかもしれません。

こうした症状は他人との関わりを避けているように見えて、どういう気持ちなのかが分からないため、誤解され、人間関係が悪くなることがあります。

コミュニケーションをしない理由としては、ちょっとしたことで傷つきやすい性格であったり、幻聴・幻覚で人への不信感があったり、対人緊張が強かったりして、無意識にストレスから避けて自分を守ろうとすることなどが考えられます。

ただ、陰性症状が強くある方はそれとは異なり、やる気を起こすドーパミンが減少することで、考えること自体が難しくなると言われています。

ではそうした陰性症状が出ている状態であれば、当事者は一人でいたほうが気楽で良いのではないかと思われるかもしれません。

実はそうではなく、ある調査によると、当事者の多くが孤独を感じているといいます。つまり人と繋がりたくないと思っているわけではありません。

実際、私は、そのような当事者の方と外食する機会があります。

ラーメン屋に行っても、二人で黙々と食べたり、カフェに行っても、何も話さないで時間を過ごしたりすることもあります。正直「一緒にいるのが嫌だったかな」と心配になりますが、その方たちは何も言わずに帰っていき、また来てくれます。

その方の全てはわかりませんが、誰かが近くにいるという安心感は、誰にとっても必要なことなのでしょう。

職場でそのようにぼーっとして会話をしない当事者を見ると、話しかけていいのかどうか、悩むこともあるでしょう。腫れ物を触るような感覚になることもあるでしょう。

当事者と上手に付き合うには、できるだけ話を聞く機会を、日々少しの時間でも作ると

良いと考えています。

「最近どう？」と突然聞くよりも、一緒に歩きながらや、何か作業や行動をしながら、少しずつ声かけをしてみるというアプローチが安心します。

最初は、根掘り葉掘り聞くよりも、さりげなく接してみる、笑顔で声をかけてみる、あるいは相手に理解を示す姿勢で関わる意識をしてみる、などが大切です。

人の脳は、社会的に孤立すると力が落ちてくるとも言われています。このように人と繋がるサポートをすることで、徐々に元気を取り戻すことができるでしょう。

統合失調症の不安定なモチベーションとその対応

統合失調症によって、働くモチベーションが低下しやすくなります。私が就労支援する中で、一定の法則があったため、その仮説をモデル化して、以下のように図にしました。

就職したばかりの時は、モチベーションが高く、全力で頑張ります。

ただ、緊張感や不安が強くある中で、全力で仕事をすると1ヶ月ぐらいで息切れを起こします。

3ヶ月目になると、仕事が覚えられて少し余裕が出てきますが、すると周囲の様子が見えてきて、自分が孤立している状況が分かり、人間関係に不安を抱えることがあります。それを乗り越えて半年も経てば、職場環境に慣れたり、同僚とも自然に話ができたりすることがあるでしょう。

すると当然周囲も慣れてきて、それまでのような配慮が得られなくなったり、要領の悪さから注意を受けたりする機会も増えていきます。

さらに3年も経てば、キャリアアップがない障害者雇用のマンネリ化から、将来の不安を感じてモチベーションが下がることもあるでしょう。

これは仮説ではありますが、このようなモチベーションの下降は統合失調症の当事者に限らず、誰にでも起こりうることではないかと思います。

一般的にも、離職しやすい時期は、3ヶ月、6ヶ月、1年、3年……と3の倍数が危ういと言われています。

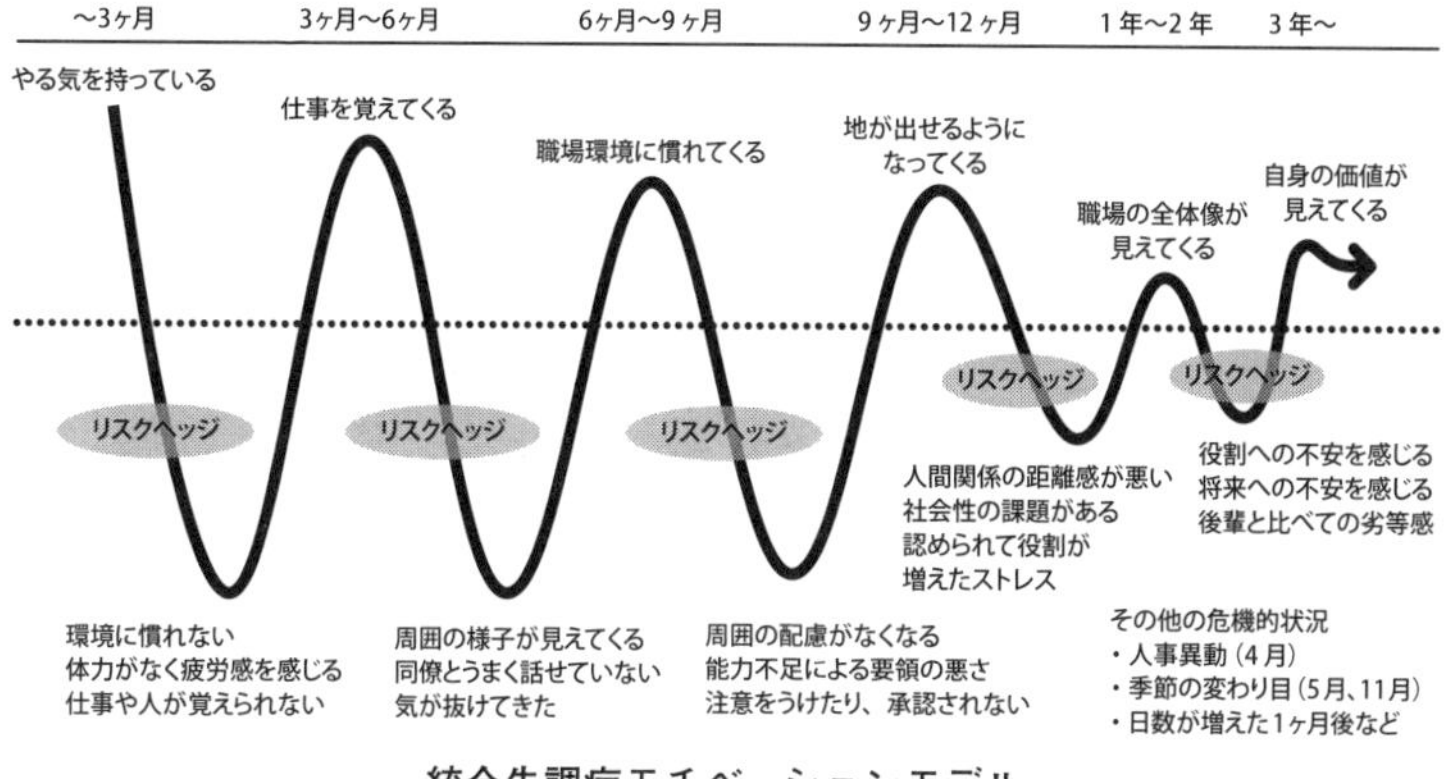

統合失調症モチベーションモデル

ただ、当事者の方はその波が大きく、さまざまなリスクを抱えています。このモチベーションの波の視点から障害者雇用を考えていけば、合理的配慮の一つのヒントに繋がるのではないでしょうか。

統合を失調させる認知機能障害

人の脳の働きは、神経のネットワークによって生まれます。見たり聞いたりした情報を処理する、考える、感情がわき起こる、こうしたことはすべて、神経のネットワークの働きです。

統合失調症の症状は、そのさまざまな働きをうまくまとめることができなくなることです。その名の通り、「統合」が「失調」している状態なのです。

統合失調症の主な症状として陽性症状（幻覚、妄想など）、陰性症状（感情の平板化、引きこもりなど）、認知機能（記憶、注意、問題解決能力など）の障害が挙げられます。

特に認知機能障害の回復は、社会復帰に向けて重要であるとされています。認知機能というのは、記憶したり、注意を適切に集中させたり、計画を立てたり、判断したりする能力のことです。

この障害により次のような課題が生活のしづらさが生じます。

将来の計画を立て、見通しを持って行動することが不得手になります。また、特に困難に陥った時はモチベーションの維持が難しくなります。

新たな仕事を覚えるのが苦手になったり、仕事の途中でどこまで作業を行ったかがわからなくなったりすることがあります。さらに、人との会話の場面でも、話を集中して聞けずに、他のことに意識が逸れたりします。

ワーキングメモリの機能が低下することで、必要のない情報まで入ってきて、多くの情報を一度に話されると処理しきれなくなるのです。

覚えることや集中すること、また雑談などコミュニケーションも苦手になれば、どうしても、仕事や人間関係でうまくいかなくなるでしょう。それによって孤立し、何かのきっかけで離職してしまうこともあるでしょう。

周りからは、「どうして覚えることができないのか」「何度伝えても分からないのか」、と責められ、ダメ人間の烙印を押されてしまうこともあります。

そこで大切になるのが、ワーキングメモリを補うような支援です。

メモを取ること、見えるところに行動すべき内容を貼ること、その場で実際にやってみること、ボイスレコーダーを用いること、などです。

一方で、その障害があると、頭の中にある情報と事実の区別がつきにくく、指示を注意として受け止めてしまう場合もあります。

合理的配慮の指示の手順の一例を挙げますと、

①まず努力を「承認」し、安心できる環境を作る

②業務の「目的・意図」と「指示」を合わせて端的に伝える

③本人の話を聞き、齟齬がないことを確かめる

④理解されていないようであれば本人の「考え」を受け止めながら、本人が理解できる言葉で、改めて「意図」と「指示」を伝える

つまり、本人が「認められている」という認識がある中で、「意図」と「指示」を伝えます。そして、本人の「考え」を傾聴し、本人が「理解してもらえた」という認識がある中で、改めて「意図」と「指示」を伝えていきます。

一つ一つを丁寧に納得してもらえるように伝えなければなりませんので、とても面倒で煩わしく感じるかもしれません。

一方で、日本人はローコンテクスト文化と言われています。これは、「空気を読む」「忖度する」など相手を察することを大切にした、聞き手の能力が重視される文化です。日本人にとっては、当たり前なことです。

しかし、話し手を重視されるハイコンテクスト文化の英語圏では、この価値観は通用しないとも言われています。

統合失調症への配慮は、対話能力が重要です。話し手の意識を変えていくことは、会社が個人の能力に頼るだけではなく、障害者や外国人など誰もが働きやすい多様性（ダイバシティー）のある文化を育み、会社の規模が拡大するきっかけになるでしょう。

なぜ「自分流」になってしまうのか？

統合失調症の当事者には、自分流のやり方にこだわる方がいます。

今までうまくいかず、藁をもつかむ思いで福祉のサポートを利用されたとしても、周りの意見を受け入れずに、今までの自分のやり方を変えず、何度も同じことを繰り返してしまう方もいます。

ここで誤解しないでいただきたいのは、そうしたこだわりがあったからこそ、今まで生きてこられているので、自分流が決して悪いわけではありません。

ただ、周囲には、そうした面は、頑固で融通が効かない人と映ってしまうことがあります。職業生活においては、上司からの指示の意図を汲み取れずに、支障をきたす場合もあります。

では、この状態を周りはどのように理解をすればよいのでしょうか。

自分流のこだわりが強い当事者は、その言動をとる背景に何らかの理由があります。

理由の一つに「不安の回避」が挙げられます。**失敗経験を積み重ねてきている当事者は、無意識のうちに「不安を回避する行動」＝「普段のやり方や手順」を貫こうとする**ため、側からは頑固、こだわりが強いといったふうに見えます。

一度刻まれた過去の不安や恐怖の記憶は、その人が生きのびるために必要な知恵です。しかしながら、その記憶は新たな挑戦への足枷にもなります。周りが当たり前だと思っていることを本人に伝えても、不安から行動を変えられないことがあるのです。

二つ目の理由としては、**認知機能障害により、視野が狭くなって心理的視野狭窄に陥っ**

てしまうことです。

心理的視野狭窄とは、考え方の視野が狭くなってしまう状態です。一部分のみに焦点があたり、全体像が掴めなくなる状態を指します。

これは統合失調症の当事者でなくても、理解できる部分です。緊急事態で緊張や不安でストレスが高まった場面を一つ思い出してください。

私の場合は、あたふたし、普段しない行動を取ったり、忘れ物をしたりしてしまいます。誰もがそのような経験をされたことがあるのではないでしょうか。その状況では、誰もが他の意見を取り入れるのが難しくなったり、時には混乱したりすることもあるでしょう。

その他に統合失調症が自分流になる理由としては、一見して落ち着いて見える人でも、妄想を抱えながら生活を送っている場合があることが挙げられます。

本人にとっては、その観念が重要な意味を持っていると感じているため、**現実と妄想の区別がつかずに自分流となる**ケースがあります。これは次節の「見え方（パラダイム）」でお伝えします。

このようにさまざまな背景がありますが、一つの観点に囚われて、視野が狭くなっていることがほとんどです。

そこで、自分流から脱却して視野を広げるためには、本人が安心して他の話が聞ける工夫が必要であり、時間とステップも大事になりますが、まず合理的配慮としては、当事者の見え方（パラダイム）を知り、理解することから始めるのが良いのではと考えています。

世界の見え方（パラダイム）で行動が決まる

スティーブン・R・コヴィーの『7つの習慣』の中に「SEE-DO-GET」という言葉があります。これは、「物事をどう見るか（See）が、行動（Do）を決め、得られる成果（Get）が生まれる」という意味合いです。

人は、自分では物事をありのままに見ていると思いがちです。

しかし実際は、**自分のパラダイム（認識の枠組み）を通じて物事を見て解釈しています。**

パラダイムとはなんでしょうか。

それは、私たちが無意識にかけている「メガネ」のようなものです。私たちはそのメガネを通じて世界を見ているのです。

このパラダイムは、人それぞれの人生経験に基づいて形成されていると言います。

誰一人同じ人生を歩む人はいないため、一人ひとり異なるパラダイムを持っていますし、同じものを見ても違うふうにそれぞれが解釈していることになります。

なぜパラダイムが重要なのかというと、パラダイムには、私たちが取る行動を決め、手にする結果を決める力があるからです。私たちはパラダイムに従って、さまざまな選択を行なっています。

合理的配慮においては、統合失調症の方のパラダイムを知ることが大切です。

彼らの多くは、ネガティブなパラダイムに縛られており、その結果、行動も消極的になり、望む結果を得られなくなっています。

例えば、当事者が「上司は怖い」「自分は仕事ができない」というネガティブなパラダイムを持っていたとします。

そのパラダイムでは、仕事で何か指摘があった場合、「注意された、怒られた」と感じやすく、行動も消極的になり、仕事でより良い成果は得られなくなります。

一方で、指摘した上司も「仕事は完璧でなければいけない」という完璧主義なパラダイムを持っていたとします。

その場合は、上司の行動も「注意」として表現されていき、相手に威圧感を与えることになります。それぞれのパラダイムの相互作用によって、誤解を生み悪循環を招くことがあるのです。

このことは、障害者雇用だけではなく、職場の人間関係でもよく起こることでしょう。

ここで、大切なことは「エンパシー」という概念です。

これは相手の立場になりきってその人の考えや思いを想像して理解することです。

相手の感情や言葉を受け止めたり、理解したりするだけではなく、想像力を働かせていきます。

「もし自分が相手の立場であったらどのように感じるのか、どのように考えるのか」まで想像することです。

しかし、自分と違うパラダイムを想像せず、自分のパラダイムに固執していれば、物事を良し悪しで判断したり、相手と分かり合おうとしたりすることからどんどん遠ざかっていきます。

会社が当事者のパラダイムを想像し、当事者が会社のパラダイムを知った時、2人の関係性は大きく変わるでしょう。

障害者雇用を通して、このエンパシー感覚を身につけた社員がたくさんいたらどうなるでしょうか。ぜひ想像してみてください。

今日の日本においては、多様性（ダイバーシティ）の理念を掲げる企業は多くあります。障害者雇用を通して、その理念を実現するヒントになれば良いと考えています。

ダイバーシティには、エンパシーの感覚を持った社員を教育するマネジメントが必要なのです。

人工知能の限界からエンパシーを学ぶ

では、エンパシーの能力は、どのようにすれば磨けるのでしょうか。

人工知能（ＡＩ）分野の話になりますが、ＡＩの技術に、「シンボルグラウンディング問題」という課題があります。これを一文で説明すると次のようになります。

「文字には意味があるが、ＡＩには理解できない問題」

要するに、ＡＩは「文字（シンボル）」と「実世界」が繋がらない（グラウンディングしない）ために、意味が理解できないという課題です。

例えばりんごを例に挙げますと、人が「りんご」という文字の並びの意味を理解できるのは、実体験ができるからです。

視覚で色や形、大きさを見て、味覚で味わい、嗅覚で嗅いで、触覚で歯ごたえを感じ、聴覚で「りんご」という名前を知り、初めてりんごの意味が理解できます。

一方で体験がないＡＩには、意味が理解できないのです。そして、この問題は、人にも置き換えて理解することができます。

例えば、もし生まれつき目が見えない状態で生まれてきたとします。その場合、青や赤などの「色」の概念を、どのように教えてもらえたら理解できるでしょうか？「青は涼しく、水のような色。赤は暖かく、太陽のような色」などと伝えてもらったら、理解ができるでしょうか。

実際は、体験なしには、全てを理解することはできません。

言語学者のソシュールは、人は「実体験（シニフィエ）」と「言葉（シニフィアン）」から意味が生成されると言いました。

例えば、赤ちゃんはおよそ1歳半で言葉を話します。犬を「ワンワン」と言うまでには、何匹かの「犬」と触れ合う経験と同時に、大人からその都度「それはワンワンだよ」と伝えられる経験が必要です。

その繰り返しがあって、「ワンワン」というシンボルが「犬」と結びつき（グラウンディングし）、意味が生成されます。

人は「体験」と「言葉」から、意味を作ることができます。自分自身に対する意味も「体験」と「言葉」から作られます。他人に対する意味のつけ方も同様です。

他人と全く同じ体験はできません。同じような体験をしても、意味のつけ方は人それぞれだからです。身近な人であっても、全てを理解することはできないでしょう。

では、「相手の立場になりきってその人の考えや思いを想像して理解する」というエンパシーはどのように可能になるのでしょうか。

経験のあることは共感しやすい

次のことは、多くの方が理解できるのではないでしょうか。

ほとんどの人は、高熱がある時の辛さを知っています。お腹が痛くなった時の苦しみも知っています。

もし、近くにその状態で苦しんでいる人がいたらどうしますか。寄り添って、優しく声をかけたり、助けたりするのではないかと思います。

そのようにできるのは、どうしてなのでしょうか。

それは、自身に同じような経験があるため、「少しでも辛さを取り除いてあげたい」という思いやりの気持ちが自然と出てくるからではないでしょうか。

この感覚は、経験値をベースにした他者理解になります。このように実体験を伴うことであれば、相手の気持ちに寄り添うことは比較的容易にできます。

一方で、多くの人が体験していない統合失調症はどのように理解するのでしょうか。私が20年前に介護施設で勤めていた頃の話ですが、認知症は「忘れてしまうから気楽でいい、死ぬことも怖くないのはないか」と言われていました。しかし、今では実際認知症の方の多くが、不安で苦しい気持ちでいることが分かっています。記憶がなくなる不安や、脳が壊れていく恐怖を感じて生きているのです。

統合失調症も同様にかつては「危ない人、怖い人」とも言われてきました。認知症と同じく、当事者の多くが、人を信じられず、ひとりぼっちの不安な世界にいて、苦しんでいます。「周りが責めている気がする」など、自身の病に対し恐怖を感じて生きています。

これらは、当事者でなければ分からず、経験したことがない人は、なかなか理解できないでしょう。

経験値なしからの他者理解

では、経験のない人が理解するためには、どうすれば良いでしょうか。

「小説家が作品を作る方法」を使って考えるのが一番分かりやすくて良いでしょう。

小説家は、さまざまな登場人物を描写できます。ヒーロー、悪者、芸人、子供、お父さん、お母さん……などきりがありません。作家はさまざまな人生を体験しているかというと、もちろん全てはしていません。

では、どうして作者はそれを描写できるのでしょうか。

それぞれの人物像を詳細に書けるのは、当事者の話を聞いたり、それに関する資料を調べたりして疑似体験をし、その上で創作しているから、と言われています。

合理的配慮において小説家のやり方を活用すると、次のようになります。

①その人の今まで経験したことを率直に教えてもらい、気持ちや考えを想像する
②聞き手の人生経験に対してアドバイス等が浮かんできてもそれを脇に置いて、「何も知らないので教えてもらう」くらいの気持ちで、さらにインタビューする
③その人のストーリーを疑似体験した上で、感情や大事にしていることは何かを自分なり

に想像し、理解に努める

エンパシーには、このようなエネルギーと想像性が必要になりますし、もちろん全てが分かるわけではありません。フランスの哲学者・パスカルの著作『パンセ』に「考えが人間の偉大さをつくる」という言葉があるように、これこそが人とAIとの大きな違いです。障害者雇用を行うことで、社員のエンパシーの感覚を高めていけば、従業員も企業も拡大するチャンスになるのではないでしょうか。

第2章

統合失調症とストレスの関係

ストレスは必ずしも「悪」ではない？

統合失調症の方は、ストレス耐性が低いとされています。この章ではストレスの観点から、当事者のより良い職業生活を考えていきます。

「ストレス脆弱性モデル」という考えがあります。これによると、**ストレスを溜められる量というのは人それぞれ違い、統合失調症の方は健康な人に比べて、その量が少ない**とされています。

ストレスが限界を超えて容器から溢れると病気になるという考え方です。

では、仕事はストレスがかかるので、当事者の方は極力労働しないほうがよいのでしょうか？

ストレス研究でノーベル賞を受賞した生理学者のハンス・セリエ氏は「ストレスは人生

のスパイスである」と述べています。

適度なストレスは生きていく活力を与えて、人生を楽しくさせる調味料のようなものなのです。

ストレスがない人生は無気力になるとも言われています。

溜められる量が少ないとされる当事者においても、ただストレスをなくすことが良い訳ではありません。

統合失調症を対象にした調査では、**ストレスがある生活は人格的な成長を高めたり、その成長が自尊心の回復や自立に向かっていく良い循環が生まれたりする**といい、適度なストレス体験があることが大切と言われています。

つまり、統合失調症の合理的配慮においても、ただストレスのネガティブな要素のみに焦点を当てて、話を進めるべきではないでしょう。もちろん、ストレスを多く受け続けると、心身に影響が及んで再発する恐れがありますので、このバランスを考えていくことが大切になります。

では、バランスはどのように考えていけば良いでしょうか。

「ストレス」を「元気」に変えていくための方法

適度なストレスのバランスとはどのようなものか、ここから職業生活の質の研究をより深く掘り下げてお伝えします。

職業生活におけるストレッサーは三つの因子があります。

①職務内容……適した仕事、やりがい、やりやすさなど
②労働条件……労働時間、労働環境、キャリアアップ、賃金、福利厚生など
③職場の人間関係……上司同僚部下との関係、同じ障害を持った仲間との関係、会社の雰囲気など

仕事内容が自分に合っているかどうか、仕事の量や質はどうなのか、上司や同僚との関係は良いのか悪いのかなど、さまざまな要因がストレッサーになります。

このストレッサーが雨のように降ってくると、器に水が溜まります。

器から水が溢れたら、ストレス反応として心身に悪影響が生じ、統合失調症であれば再発する恐れがあります。

では逆に、雨を降らさずに、ストレスを全くない状態にしたらどうでしょうか。

器に水が空っぽであれば、施設症が起こり、考える力を失います。施設症とは、長期にわたり施設で何もせずにいることによって、無気力状態になってしまう症状です。この施設症に陥ると、施設から抜け出す気力が奪われます。そして、自発性や能動性を失って、自らの置かれた状況に満足していなくても、満足していると感じる状態になります。

では、適当な量はどのくらいでしょうか。

人それぞれ違いますが、統合失調症は、再発後の消耗期では極力ストレスを減らし、頭を休めることが必要です。

ただ、徐々に回復し始めたら、ストレスの量を段階的に増やしていく必要があります。

現在、精神障害者のために障害者短時間トライアルコースが制度化されました。これは、段階的に雇用を進めていける制度で、以下のように説明されています。
「継続雇用する労働者として雇用することを目的に、障害者を一定の期間を定めて試行的に雇用するものであって、雇入れ時の週の所定労働時間を10時間以上20時間未満とし、障害者の職場適応状況や体調等に応じて、同期間中にこれを20時間以上とすることを目指すものをいいます。」

当事者にとっても雇い入れる企業にとっても、非常にハードルが下がっており、この制度によって統合失調症の雇用が検討しやすくなっています。

では、ストレスのバランスをどのように整えて、職業生活の質の向上を考えていけば良いでしょうか。

現在は、障害者雇用制度によって、仕事のストレスの量を調整した上での働き方ができるようになりました。障害者雇用とはその字の如く、障害があることを開示して、企業もそれを承知した上で雇用することです。

企業は障害者雇用枠を設けて、当事者の方が、障害によって不利にならないように働きやすい機会をつくり、働き続けられるよう一定の配慮が求められています。

障害者雇用のメリット&デメリット

一方で、どのような制度にも、完璧なものはありません。社会にはさまざまな人が存在するために、メリット・デメリットは生じるでしょう。

次に、ストレスの量からこの障害者雇用のメリット・デメリットを示していきます。

メリット

○職務内容

・変化が少ないシンプルな仕事で、混乱なく業務が遂行できる

・支援者が企業との間に入ることができ、業務の相談がしやすい

○労働条件

・労働時間日数が交渉できる

・診察日は休暇を取ることができる

・病気の状態によって職場から配慮を得られる

○人間関係

・障害を開示して働けるため、周りが理解してくれている

・定期的に面談を設けてもらい、安心して働ける機会を得られる

デメリット

○職務内容
・やりたいことや生かせるスキルがあっても、その分野に障害者雇用があるかは不透明
○労働条件
・平均月収が一般雇用より低くなる可能性がある
・キャリアアップ制度がある企業が少ない
○人間関係
・周囲に自分の障害について知られるため、関係に距離ができることがある

制度によって、ストレス量を減らした働き方ができるようになりました。しかし、そのことによる「働きやすさ」があっても、「働きがい」を失うこともあります。

以前、ある当事者の方から、「働きやすさ」と「働きがい」の葛藤を次のように話してもらったことがあります。

「障害者雇用では、正社員になれない。契約社員と正社員では、大きな開きがあるし、今正社員で働けるところを探していきたい気持ちがある。ただ、ＯＪＴ（新人に対する実務的な職業教育）をしてくれた上司には『君は戦力ですよ』と言われ、それが心の支えになりなんとか頑張っている。これ以上いい環境はないし、色々悔しいが諦めている」。

では、統合失調症の方の働きがいのある幸せな働き方（職業生活の質）への取り組みに向けて何ができるでしょうか。現在は、次のように柔軟な対応をする企業も増えています。

・コロナ禍によりリモートワークが増えている中で、自宅で仕事ができる
・正社員登用のキャリアアップができる
・人間関係で距離ができないように、職場の行事や社員旅行に参加できる

各企業で、職務内容、労働条件、人間関係においてさまざまな工夫がなされています。また、国では新たにキャリアアップ助成金の障害者正社員化コースが作られました。障害者の雇用促進の他、職場定着を目指すために作られた制度です。これによって、ストレスの量を調整しながら、キャリアアップができるようになりました。

先駆的な取り組み「クラブハウスモデル」

１９７０年代のアメリカ・ニューヨークで、「クラブハウスモデル」という過渡的雇用の職業リハビリテーションが開発されました。精神障害によって、最初からフルタイムで働くことが難しいため、短期間で簡単な仕事から始めていくというモデルです。**当事者仲間と共に就労し、成功体験を得ることによって精神障害特有の不安を減らしていき、段階的にフルタイム雇用へ移行する**という仕組みになります。

要するに、**ストレスの器の量をステップバイステップで増やしながら、職業生活の質を向上させていく**方法です。科学的根拠も実証されており、今や世界中に広がっています。

今まで日本でのクラブハウスモデルは制度上、福祉事業での運営が難しかったことや、企業側に雇用の利点がなかったため、広がっていませんでした。

しかし、今では「障害者短時間トライアルコース」や「キャリアアップ助成金（障害者正社員化コース）」の制度を活用できるようになったことで、企業側にも利点があり、段階的にフルタイム雇用に移行できる過渡的雇用方式が作れます。さまざまな企業で、このような制度を活用しながらキャリアアップできる仕組みを検討できるのではないでしょうか。

第3章
やる気を引き出す雇用の仕組み

統合失調症における職務満足感

では次に、「職業生活の質が良い」とされるには、どのような基準が適しているのかを考えていきます。

ストレスの器が空っぽでもなく、溢れているわけでもなく、統合失調症の方にとって、ちょうどいい状態は、どのようにすれば保てるでしょうか。

産業心理学に「職務満足感」という基準があります。

これは、従業員が仕事に対して肯定的評価の感情でいて、また快適な情緒状態であるとされています。つまり、仕事に対してポジティブな感覚を持ちつつ、かつリラックスしている状態と表しています。

この手の多くの研究では、職務満足感と離職率の間には、負の相関が示されています。要は、仕事に満足していない人が職場に多いほど、その企業の離職率が高くなるということです。他にも職務満足感と同じような「ワークエンゲージメント」という評価基準がありますが、これは、職務満足感と比べて、もう少し仕事にどっぷりと没頭し生産性を上げながら満足している状態を指します。

このワークエンゲージメントの基準は、健康な方にとっては、より成長し、成果を上げる評価であるので良いかと思います。

しかし、不安や緊張感が強い統合失調症においては、「職務満足感」のポジティブでリラックスして満足している状態を評価する尺度から、関連した要因を探ることが、「職業生活の質が良い」とされる基準が見えてくるのではないかと私は考えました。

「やりたいからやる」＝内発的動機づけ

そうして、研究の結果、「職務満足感」を左右する要因の一つに「内発的動機づけ」があることが分かりました。

内発的動機づけとは、簡単に言うと「やりたいからやる」というモチベーションで、誰かに「やれと言われてやる」という「外発的動機づけ」とは異なります。

最新の研究によると、内発的動機づけは、統合失調症の思考や感情がまとまらないという認知機能障害と、社会での活動性の間に位置する要因であるそうです。

つまり、**内発的動機づけを高めることが、職業生活の質を向上させるとともに統合失調症の症状改善によい影響を与える**可能性があるということです。

実際、当事者の多くが、時間経過や環境条件によって、モチベーションが変化することがあります。

例えば、「仕事が楽しい」と話していてモチベーションがあるように見えても、その翌週には「やめたい」とモチベーションがガクッと下がってしまうこともしばしば見受けられます。

では、彼らのやる気をつなげるために、周囲の人間には何ができるでしょうか。

「やらされる」を「やりたい」に変える雇用管理

内発的動機づけの研究では、心理学者のE・デシ氏による「自己決定理論」が有名です。自己決定理論とは、人がある行動を起こすプロセスに関する理論で、「何をやろう」と思う時の動機やきっかけを階層的に表したものになります。

簡単に説明しますと「やる気スイッチ」が入るまでのプロセスを理論化したものです。

子供の時は、やりたいことややりたくないことという好き嫌いがあったとしても、それなりに生活できます。が、大人になれば、社会では嫌いな人と付き合ったり、苦手な仕事にも適応したりしなければ、うまく職業生活を送ることができません。

そうした現実の中で、やりたくない仕事を嫌々やらされている感覚よりも、「やりたいからやる」という気持ちでいられたほうが、質の良い働き方ができるでしょう。

すなわち、自己決定理論とは、「やらされてやる」という外発的動機づけから、「やりたいからやる」という内発的動機づけに至るまでのプロセスを理論化したものです。

なお、外発的動機づけは４段階に分けられています。

①外的調整…報酬の獲得や罰則の回避というきっかけから行動すること
②取り入れ的調整…羞恥心や罪悪感から行動すること
③同一化的調整…自分の中で価値があると感じているために行動すること
④統合的調整…自分らしさのために行動すること

報酬や罰則でやっていたことも、徐々に自分のためにやるようになるという自己決定の度合いが段階的に進み、やりがいや楽しさから行動するという内発的動機づけへ至るというプロセスになります。

例えば、仕事をするにあたり、まずは「お金のためにやらなきゃ」（外的調整）と思い仕事を始めて、「同僚に馬鹿にされたくないから」と必死になり（取り入れ的調整）、少しできるようになれば「自分の成長になるから」と頑張ってみて（同一化的調整）、社会的な課題に直面し「自分の信念のために問題を解決しよう」と力を注ぐ（統合的調整）プロセスの中から、「仕事が好きだ」（内発的動機づけ）と思えるようになるということです。

実際に「自分が今やっている仕事が好きだ」という方がいたとして、果たしてその人は仕事を始めた当初から今まで一貫して、そのような気持ちでいたでしょうか。そうではない場合も多いと思います。

やる気スイッチを入れる三大要素

では、内発的動機づけに至るプロセスには、どのようなことが必要でしょうか。

これには、**「自律性」「有能感」「関係性」**の三つが大切と言われています。

自律性とは、自主的な行動のことです。

この自律性を高めるには、行動を選択する機会を増やし、**行動を選択していることを本人に認識させる**ことが効果的と言われています。

また、本人が行動の主体であることを気づかせるような問いかけをし、「○○について、どう考えているの？」「この件について、どんな取り組みが必要かな？」など、**主体性を引き出し、自律を実感できる関わり**が有効とされています。

次に、「有能感」とは「できるかもしれない」「できるだろう」と感じられることです。有能感を高めるには、**自らの行動が成果につながっていることを認識してもらう**ことが重要です。成果とは、仕事を成し遂げた結果として、喜んでもらえたことや、周りに評価されるといったことです。

最後に、「関係性」とは、他者から必要とされることや他者とのつながりです。関係性を高めるには、**チームでの継続的なサポートなど、当事者がそのチームの一員であることを感じてもらえるようにする**ことが重要です。

この関係性が高まると、チームへの貢献意欲が高まり、チームや組織の目的を理解した上で行動できる力が育まれていきます。

ある当事者の方は、「最初は行きたくなかった会社も、少しずつ仕事を任されるようになり（有能感）、会社の雰囲気もアットホームで話がしやすく（関係性）、自分のアイデアが取り入れられたり（自律性）していくうちに、今まで続かなかった仕事も続けられるようになりました」と笑顔で話されていました。

一方で、障害者雇用は、本人の障害の特性に応じた簡単で単純な業務が割り当てられることが多くあります。

もちろん「働きやすさ」はありますが、簡単な仕事である分、特に自分の意見を言う機会がなく、ずっと同じ仕事で評価がされない構造になりがちです。

その分「働きがい」を感じる機会が得にくいこともあるでしょう。

ある当事者の方は「会社ではとくに意見を言える機会はありません。淡々と仕事をし、忘れやすいので評価されるよりも注意されることのほうが多いです。挨拶以外は誰とも話しません」と快活さのない様子で話されていました。

障害者雇用においては、**意図的に、主体性を引き出す質問をしたり、成果をフィードバックしたりし、職場内にお互いに敬意を示す関係を作っていくこと**が大切でしょう。

モチベーションがなくなってしまった時の対処法

「無動機づけ」とは、「やりたくない」と活動に全く動機づけられていない状態のことです。例えば、「仕事もしたくない」「人と関わりたくない」などがあります。

当事者の中には「無動機づけ」から徐々に回復していく必要がある人がいます。

復職を目指す佐藤さん（仮名）の事例を一つ取り上げます。

佐藤さんは、病院を受診したところ統合失調症と診断され、5年勤めた会社を退職。

その後、社会復帰に向け就労移行支援を利用したのちに、新たな仕事に就くことになりました。

しかし、しばらくすると職場から私に電話があり、「佐藤さんが仕事を休みがちになっている」と言うのです。

ご本人は「仕事はもうしたくない」と話され、ひとまず休職することになりました。

「仕事へのやる気をなくしてしまっている」ということでしたが、さらに話を聞くと、「夜スマホを見て、規則正しい生活が送れていない」と言うのです。

仕事に行けなくなった原因は、寝る前に頭の中にいろいろな考えが浮かんできて思考が止まらずに、生活リズムを崩していたことだと分かりました。

佐藤さんはいろいろと悩んだ末に仕事を辞めたいという気持ちになっていましたが、会社と話し合い、復職するための支援計画を立てることにしました。

その中で「今後のことを考えると、生活はしなくてはいけないし（外的調整）、仕事をしないのは恥ずかしい（取り入れ的調整）」と言い、仕事復帰を目指すことになりました。

まず、目標を「日常生活リズムが整った上で仕事に行き自立した生活を送る」と設定しました。

次に、成功体験が積み重ねられるよう、目標が達成可能な範囲で生活のリズムを整えるためのチェックリストを作成することにしました。

チェックリスト

□ 22時にスマホを止めてヨガでリラックスする
□ 毎日同じ時間に薬を飲み、23時には横になる
□ 食事を3食食べる
□ 散歩をする
□ 身だしなみを整える

□体調をセルフモニタリングする

佐藤さんは、当初やる気を失っていましたが、力づけて励ましながら、「やりたくないけど、仕方ないからやるか」というような動機で始め、生活内でできるルールを設定し、毎日チェックを入れながら生活しました。

その結果、以前のように毎日決まった時間に眠れるようになり、徐々に生活リズムが整ってきたのです。

「どうですか」と聞くと、「チェックリストによって生活リズムを意識できています。毎日全てチェックできないこともありますが、以前より良くなりました」と話してくれました。

佐藤さん自身が、頑張ったと認めた上で、その成果に対して「決めたことを取り組めるのは素晴らしいですね」など努力されているプロセスについてフィードバックをし、励まし、力づける関わりをしました。

この成功体験を積むことで、当初の「やらされている感」の動機から、「やる気スイッチ」を入れていくことができ、仕事に復帰することができました。

動機付けには、このようなプロセスを積み重ねていくことが必要になります。もちろん統合失調症の方にとって、すぐに「やりたいからやる！」という働きがいがある心理状態になるのは難しいかもしれません。焦らずに一つ一つの積み重ねが大切でしょう。

やる気にさせるための雇用の仕組み

さて、次は内発的動機づけを高める要因の中の有能感について説明を深めたいと思います。「有能感の欲求」を充足することが、雇用定着率アップにつながります。企業の人的資源管理では、それをコンピテンスといい、重要な要素に位置付けています。

統合失調症の方は、周りから「うまくできたね」と言われたり、「できるんだから、自信を持ちなよ」とフィードバックされたりしても、「自分はできた！」という感覚になれない人が多いように思います。

もちろん他人に言われて、すぐに自信がついたら苦労はしないでしょう。また完璧主義や勝ち負けの価値観が強い方は、理想の自分や他人と無意識レベルで比べてしまうため、有能感の欲求が満たされにくい傾向があります。

さらに、病気になる前はできていたことができなくなった当事者にとっては、過去の自分と比べてしまうこともあるでしょう。

では、そのような当事者の方には、どのようなことが必要なのでしょうか。

「有能感」の欲求を充足するには、「好奇心」「挑戦」「独立達成」の三つが大切だと言われています。

簡単に言うと、面白い楽しいと興味を持ちつつ、少し難しいことにチャレンジして、自分でやれたという経験です。この経験を通して有能感の欲求を満たしていきます。

逆に言えば、簡単すぎることをしても、「できる」欲求は満たされないでしょう。

全く興味のないものにチャレンジしても、とことん頑張れず欲求を満たすまでには至らないでしょう。自分の力でなく他人の力で成し遂げたこともまた同様です。

すなわち、「好奇心」「挑戦」「独立達成」の三つの体験の中で、「自分でできた」という意味を見出せるようにサポートすることが必要なのです。

集中できる業務を提供し自信を高める

次は有能感を育む「フロー理論」と「スモールステップ学習法」を紹介していきます。

フロー理論とは、心理学者M．チクセントミハイ氏によって提唱された概念です。

フローとは、心のエネルギーを一つの目標に向け集中し行動している状態を指します。

プロスポーツ選手が言う「ゾーン」と同じ感覚になります。プロスポーツ選手でなくても、好きなことに没頭していていつの間にか寝食をも忘れてしまった経験は誰にでもあるのではないでしょうか。

このフロー理論は人的資源管理で活用され、職場環境を整えることを通してフロー状態を作り出すことにより、社員の幸せと生産性向上という両輪を得られると言われています。

なお、以下はフローを表した図で、挑戦する機会と自分のスキルのバランスを掘り下げて、精神状態の変化を示したものです。

その人にとって、挑戦レベルが高く、スキルレベルが低い活動をした時は、不安と緊張の状態になります。

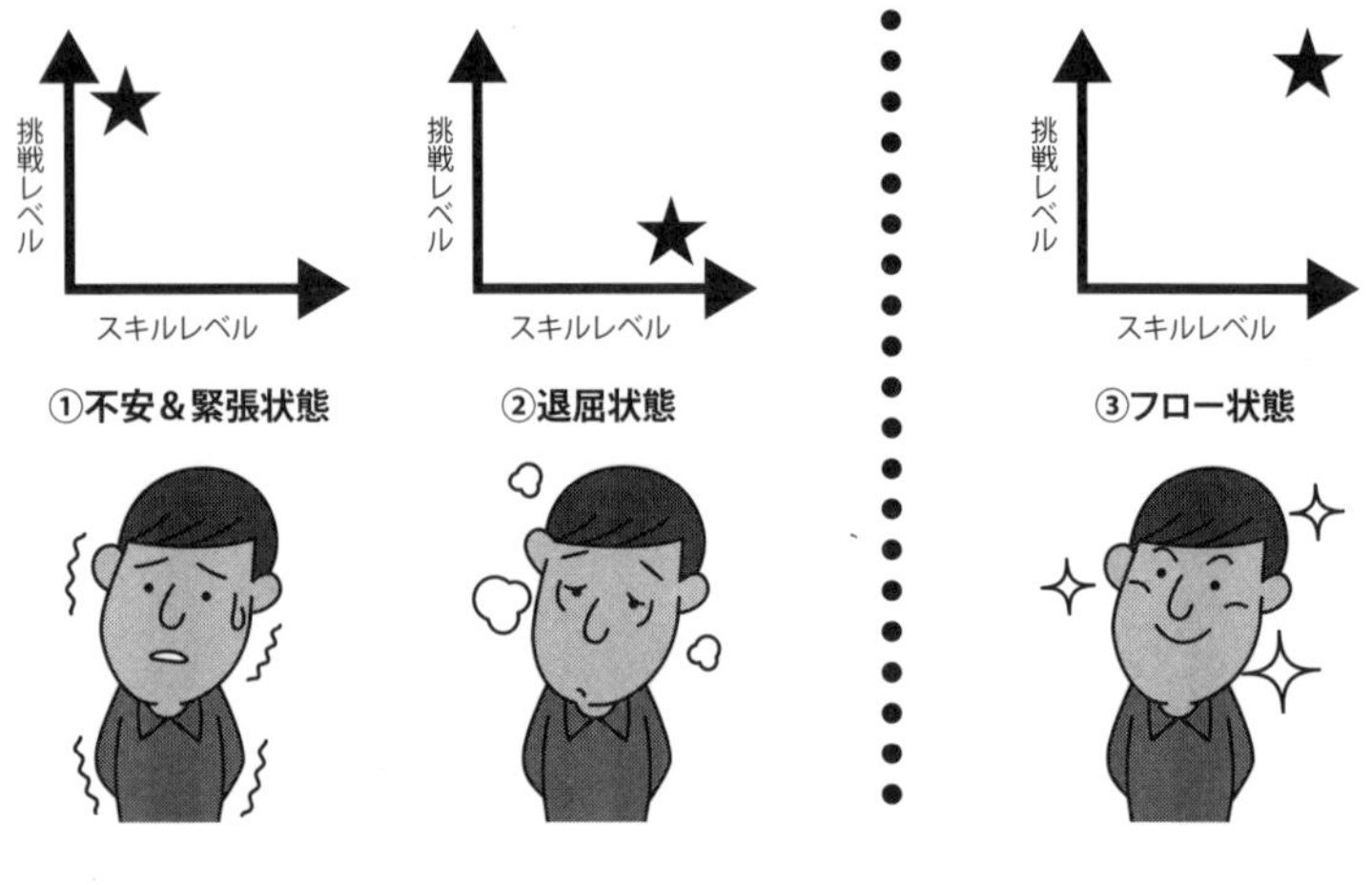

挑戦レベルが低く、スキルレベルが高い活動をした時は、退屈になります。挑戦レベルが高く、スキルレベルが高い活動をした時に、人はフローを体験すると言われています。

例えば、テレビゲームで、ゲームが得意な大人と初心者の子供が対戦したとします。大人は、子供より強く、負けることがないため、挑戦レベルは低くなります。この状態では大人は、子供に対して、自身のスキルレベルを最大限に使えません。

この状況での大人の方の精神状態はどうでしょうか。よほど子供好きでなければ、没頭するほどの楽しさ（フロー）を感じられず、退屈な精神状態となるでしょう。

ゲームが得意な人が、楽しく没頭できる対戦相手は、同じぐらいかちょっと上のレベルの人になります。

そして、没頭するフローの状態であれば、練習して上達し、勝った負けたの繰り返しの中で、有能感が感じられるようになります。

仕事も同様に、自分のスキルよりも、ちょっと難しいことに挑戦することで、楽しみながら自分を成長させ、生産性を上げていくことができます。

フロー状態に向けた雇用の仕組み

まずフローに入るためには以下のことがポイントになります。

①１日の仕事の目標が明確であること
②成果に対してすぐにフィードバックがあること
③業務とスキルのバランスが良いこと・適切な難易度であること
④十分に集中できる環境にあること・今の問題に集中できること
⑤仕事を自分でコントロールできている感覚があること

逆に考えてみるともう少し分かりやすくなります。仕事を通じて喜びを感じにくいのは、次のような状態です。

①１日の仕事の目標が明確ではないこと
②成果にフィードバックがないこと
③業務とスキルのバランスが悪いこと

④業務に集中できる環境がないこと
⑤他人からの指示が多く、自分で仕事ができるという可能性の感覚がないこと

これらの条件下では時間が過ぎるのが遅く感じられ、ストレスフルな感覚になると言われています。

チクセントミハイ氏自身も「組織にフローを実現する環境を整える必要がある」と言い、上司は社員にさまざまな仕組みを作っていく必要があります。

障害者雇用においても、長く同じ業務を担当すると、本人のスキルも上がりフロー状態ではなくなり、モチベーションが下がってきます。フロー状態の仕掛けが、職業生活の質と定着率の向上につながります。

一方で、統合失調症の人の多くは、物事の見え方（パラダイム）の傾向として、新しいことは「挑戦レベル」が高く見えます。自分のスキルでは新たな業務をコントロールできないと感じ、不安と緊張の精神状況に陥ってしまうのです。

では、彼らがフローになるようにするには、どのようにサポートすれば良いでしょうか。環境の工夫によっては、当事者の「挑戦レベル」を下げたり、「スキルレベル」を上げ

たりすることができます。

サポート①仲間を作る

挑戦レベルが高いと感じていた仕事でも、当事者仲間と共に活動すると、一人に比べて挑戦レベルが下がることがあります。

次のような経験をした覚えがある人も多いのではないでしょうか。

・ドキドキしながらも友達と一緒だからできた
・両親がそばにいてくれたから安心してできた
・上司に「君ならできる」と声をかけてもらい、自信が持てたからできた

このように、人の支えがあることで、「挑戦レベル」が下がります。

同様に同じ障害ある仲間（ピアサポート）がいれば、「あの人が頑張っているのであれば、自分も頑張ろう」という決心が「挑戦レベル」を下げてくれることもあります。

事実、職業生活の質（ＱＷＬ）の研究において、ピアサポートが内発的動機付けを高めるという結果が示されました。

サポート②集中できる環境を整える

視線や音が気になる環境で集中できずに「スキルレベル」が下がる方もいます。

ある方は、職場で人に囲まれている席で仕事をしていたら、集中できず、緊張と不安が強くありました。

そこで、端の席に移動し、他人の目線も気にならないようにしたところ、集中でき生産性が高まったのです。

集中できる環境を整えることで、本人の「スキルレベル」を上げていくこともできます。

サポート③「今日の目標」「タスク」「スケジュール」を明確にする

忘れっぽく、複数のことを同時に行う業務が苦手な方もいます。

こうしたタイプの人には、「今日の目標」「タスク」「スケジュール」の3点を明確化した上で、一つのことに集中できる環境を整えていきます。

そして見通しが持てれば、自分でコントロールできる（自己統制感）中で「スキルレベル」を高めることができます。結果、「一人でできた」という独立達成感を体験することが可能になるでしょう。

このように個人と環境との相互作用を探ることで、フローで業務が遂行できる合理的配慮が可能になります。

少しずつ難易度を上げていくスモールステップ学習法

「スモールステップ」とは、学習内容を細分化し段階的に少しずつ学習を進めていく手法のことで、アメリカの心理学者のB・F・スキナー氏が提唱したものです。

これはフロー状態をもたらす必要条件にも関係しています。

少し難しい課題で、少しずつ難易度が上がっていく学習ならば、「フロー」になりやすい条件が整っていると言えるでしょう。

では、簡単に方法を説明します。

STEP1　最終目標を設定する

まずは最終目標を設定します。できるだけ明確で具体的なものが良いでしょう。また可能であれば数値化するのもオススメです。

多少難しいと思える目標でも、中長期的な観点で設定するため、問題はありません。

ただ当事者のタイプによっては、失敗経験から目標を明確にすることで、逆に不安や焦りを感じてしまう場合があります。

その時は先のことを考えずに、今できることを体験しながら進んでいくのが良いかと思います。

ＳＴＥＰ２　目標達成に向けてやることを細分化

次に、目標達成までの期間やプロセスを確認し、当事者のレベルやスキルに合わせて細分化していきます。

スモールステップ法において重要なのは、少しずつ難易度を上げていくことであるため、特定のステップが他と比較して極端に難しいと感じられる場合は、さらに細かく分ける検討が必要になります。

ＳＴＥＰ３　細分化したステップをひとつずつこなしていく

スモールステップ法の実践段階として、細分化したステップをひとつずつ確実にこなしていきます。

はじめは、挑戦レベルを下げ「ベイビーステップ」という無理のない難易度と分量に設定します。まずは成功体験を積むことが大切で、ステップを積み重ねていきます。

そこで、達成状況が可視化できるチェックリストがあると効果的です。

人は過去の記憶に引っ張られることが多いため、主観はあてにできません。

特に今までうまくいかない体験がある場合は、うまくいっていることではなく、できていないほうだけに目が行きがちです。

一週間のうち6日うまくいっても、1日でも失敗すると、本人も周囲も「できない」と思いがちです。

それでは、たとえ回復し前進していたとしても、一向に自信を持つことができません。

主観に頼らずに客観視することで、努力したプロセスも含めて、できていることに目が行くようになります。記録をつけておけば、他人と比べずに、少し前の自分と比較でき、よりステップアップしている実感を持ちやすくなります。また、周りからもフィードバックを行いやすくなります。

課題があった場合も、修正をすぐに行うことができ、次のプランに役立てることもできるでしょう。

ゲーム感覚の仕事術「ゲーミフィケーション」

スモールステップ学習法を読んでみて、この方法で「やってみよう！」と思えましたでしょうか。

その方法でやる気を感じられる方は問題ありませんが、スモールステップと聞くと「何かとコツコツとやらなければいけない」と感じる人もいるのではないでしょうか。

私はせっかちなところがあるので、コツコツやるのはどうも面倒に感じてしまうことがあります。もちろん成果を上げるには、コツコツと継続することがとても大切です。ただ、大事だと分かってはいても、やる気スイッチが入るまで時間がかかってしまう人もいるのではないでしょうか。

特に統合失調症の方が回復する上では、内発的動機づけが重要なキーワードです。つまり、当事者の方が、やる気になるには一工夫が必要になります。

そこで、スモールステップ学習法の進化版の「ゲーミフィケーション」について、お話しします。

スモールステップに遊び心を入れたものというと、イメージがつきやすいでしょうか。

これは、2000年初頭にある企業がサービスを指す用語としてつくった造語が起源で、注目され始めました。ゲーミフィケーションとは、ゲームの要素をゲーム以外の分野に取り組むことを意味します。

ゲームの最大の利点は、人を没頭させ継続的にワクワク感を与えられることです。ゲームは、人の欲求を満たせるように綿密に設計されていて、内発的動機づけをされる仕掛けが施されています。

以前、私はスマホで『ツムツム』というゲームにハマっていました。起床時、行き帰りの電車、寝る前に、必ずやっていました。確かに面白いからやっていた部分もあるのですが、それ以外にも、なぜかついつい気になってしまい、意思と関係なく没頭し取り組んでいました。同じようにハマった方も多くいるのではと思います。

では、このようにユーザーがハマるためにゲームにはどのような仕掛けがなされているのでしょうか。

ゲームはそもそも生活する上での必需品ではないために、人の欲求を研究し、買わせていく、使わせていく技術が発展してきた分野です。人の欲求を満たすために進化してきたゲームには以下の要素が組み込まれていると言います。

「明確の目標（ミッション）」「直接的なフィードバック」「課題が達成できる見通し」「レ

ベルアップ」「レベルパラメーター」「スコアやランキング」「バッジや実績」「競争」「協力」「ストーリー」、そして「視覚化」。

ゲームをされたことがあれば、それぞれの項目がどのようなものかがイメージがつくのではないでしょうか。

ゲーミフィケーションは、これらの要素を実社会に取り入れて、没頭できる仕掛けが作られています。この仕掛けが障害者雇用に応用されたら、仕事への見え方（パラダイム）が変わり、統合失調症の方も働くことができて、多様性を受け入れられる職場を開発できるのではないでしょうか。

ゲームの要素を現実に落とし込む

では、その仕組みを障害者雇用に応用するため、前述の要素をどのように現実に落とし込んでいけば良いかを見ていきましょう。

ゲームは虚構ですが、ゲーミフィケーションではその要素を実世界の事象に置き換えていきます。実世界では、何らかの測定方法が必要になります。

例えば、仕事で言えば、雇用期間、資格を取る、売上などが一つの測定目標で、とても分かりやすい基準です。

ただこの目標は、人によってはプレッシャーがかかり、ゲーム感覚になれない人もいるでしょう。もちろん、そのような課題を乗り越えることを楽しみに思える人はいるでしょうが、ただ統合失調症の方にとっては、ハードルが高くなる可能性があります。

課題をゲームに置き換えて、「ミッション1」などにすれば、ゲーム性も出てくるかもしれません。

ストーリーは、「仕事しなければいけない」という文脈から、「仕事を通して人の幸せに貢献できる」という文脈にすることも可能です。

では、現実をどのようにゲームのようなストーリーにしたり、目標の達成度を数量的に表現したりできるでしょうか。

例を以下に書いてみます。

題名「仕事でレベルアップ　勇者への道」

ストーリー：
「順調であった人生、ある日突然雷が落ち、悪魔の声に取り憑かれることになった。その声に一人で苦しさを味わって生きてきた。しかし、その声から解放されるきっかけがあった。それは、同じ状況の仲間と苦しみを分かち合うことだった。新たな希望を見出し冒険に出ることになった。」

ミッション：

ミッションカードを取得しコンプリートせよ。ある仕事がクリアできたらミッションカードをもらえる仕組みとする。

レベルアップ：

・レベル１　挨拶、相談などの基本的コミュニケーション
・レベル２　安定した勤務
・レベル３　仕事を覚える
・レベル４　同僚と気持ちを分かち合う
・レベル５　人に教えられる

レベルのパラメーターの視覚化
・クリアしたら、レベルごとに達成カードを渡す
・コンプリートしたら全て埋まるようなカードファイルを作成する

補助するアイテム
・万能スケジュール帳
・セーブポイント（日報、体調チェックシート）
・おやすみグッズ
・クライシスプラン

戦うパーティ
・上司
・同僚
・支援者
・友人Aさん、Bさん

サブ任務
・余暇活動（旅、スポーツ）

報酬
・給与
・サンクスカード　など

実社会では、キャリアアップの仕組みと、キャリアのパラメーターを見える化し、ワクワクしたフィードバックできると良いでしょう。今回はＲＰＧの要素でゲーミフィケーションを考えてみました。ＲＰＧの勇者は、災いから始まるストーリーが多く、その過去に悩み葛藤します。

しかし、あるきっかけで未来の希望に向けて立ち上がり、成長して、仲間とともに、最後のボスを倒します。そのストーリーが人を感動させていく力になっています。それを実際の職業生活に持ち込んでみるのはどうでしょうか。単純労働であったとしても、面白く楽しくできる可能性があります。

業務目標を設定する時のポイント

職業生活の質を高めるにあたっては、目標はとても重要です。

職業生活の質の研究において、目標があることが内発的動機づけを高めるという結果が示されました。

心理学者のL.A.キング氏の調査によると、「ライフゴールを書き出して明確にすると、病的なネガティブな感情が減っていき、逆にライフゴールを書き出さないことで、病的な感情が高まった」という報告がされています。このように目標を外に書き出し客観視することが、職業生活において重要であると言えるでしょう。

では、実際に企業側が当事者と目標設定するには、どのようにすれば良いかを考えていきましょう。

目標は大きく分けて、マスタリー目標とパフォーマンス目標の二つがあります。これをゲームに例えるなら、マスタリー目標は成長プロセスを楽しむゲームで、パフォーマンス目標は対戦ゲームで優勝を目指すゲームです。前者は、レベルを上げ主人公を成長させる目標で、後者はミッションやイベントをクリアしたり、対戦相手を倒しクリアしたりする目標になります。

マスタリー目標とは、自分の能力を高めるための目標です。

成長に向けてコツコツ行い、結果を見える化することで、内発的動機づけを高められると言われています。

このマスタリー目標が強い人は、「何かうまくできるようになろう」と懸命に努力する時の自分の感情を大事にします。そして、失敗を成功のためのステップとみなしています。

さらに努力して何度もトライするという繰り返しにより、挑戦と自分を向上させることが生きがいになっていきます。

一方でパフォーマンス目標は、目標の中身が、他者比較に関する内容の目標の事を指し、「戦いに勝つ」「ライバルに負けない」などが挙げられます。

これは、自分の有能感を証明するための目標です。

この意識が強い人は、周りを意識し競争しながら力をつけることができるため、より成果に近づけると言われています。

つまり、マスタリー目標の人は、「過去の自分と比べて成長できたか」という自分自身の絶対基準で評価するのに対し、パフォーマンス目標の人は、「他者と比べて優っているか」という相対基準で評価します。

やる気になるのであれば、マスタリー目標でもパフォーマンス目標でもどちらでも良いと思います。

ただ区別すべきことは、パフォーマンス目標には「パフォーマンス接近目標」と「パフォーマンス回避目標」の二つがあります。

パフォーマンス接近目標とは、自分の有能さをアピールする意味を持つ目標で、逆にパフォーマンス回避目標は、自分の無能さを隠そうとする消極的な目標になります。

つまり、「バカにされたくないから」「恥をかきたくないから」という自分の「有能さの欲求」を守りたい、「無能さを隠したい」とする目標です。これは成果を得られづらく、内発的動機づけにもなりにくいと言われています。

時々、私自身もパフォーマンス回避目標を無意識に立てることがあります。

優秀な後輩が私の下についた時は、先輩の私は無能さがバレないようにしていたこともありました。今でも近くに優秀な人がいれば、アホがばれないように（実際はバレていますが）、それらしいことを言いながら、いい感じのフリをしています。

私が無意識にこのような目標を設定している場合は、もちろん何一つ成果は得られていません。

当事者の方は、「働いていないと同年代の人に馬鹿にされてしまうから」とパフォーマンス回避目標で職業生活を送られている場合があります。

有能感の欲求があるのは障害ありなし関係なく、特別なことでもありません。だからこそ「無能さがバレたくない」という気持ちは多かれ少なかれ誰にでもあるでしょう。そして、パフォーマンス回避目標は、無能さがバレないよう防ぐために自分でも気づかないぐらい巧妙に隠してしまうことがありますので、気をつけなければなりません。

会社での業務目標の面談時に、パフォーマンス目標を設定するのであれば、「お金持ちになりたいから」「かっこよくなりたいから」などポジティブな目標を一緒に考えて行くのが効果的に働くでしょう。

成長プロセスに目を向ける

当事者の方には、まずはこのマスタリー目標でスマートシンキングを活用し数値化するのがおすすめです。

スマート（SMART）とはSpecific（具体的に）、Measurable（測定可能な）、Achievable（達成可能な）、Realistic（現実的である）、Timely（期限がある）の頭文字です。

例えば加藤さん（仮名）は、仕事中にやらなくてはいけない業務を忘れたり、後回しにしてしまったりすることが多いために、同僚や上司から信頼をなくしていました。

そこで以下のマスタリー目標を設定しました。目標と、その目標達成のために必要な行動を具体的に書き出しています。

・スケジュール管理をする（◯月×日まで）
↓メモ帳を常に持ち歩き、その都度スケジュールを書き込む

・スケジュール通りに行動する（◯月×日まで）
↓やるべきことや期待されていることを書き出し、優先順位を決めること。やるべき業務ができていない場合、影響がある人に連絡する

・日誌を利用して行動を積み重ね、成長する（◯月×日まで）

↓仕事始めと終わりに日誌を記入し、フィードバックをもらう

やりきった時には「大好きなラーメン屋で外食する」と報酬を決めておきました。

小さな目標でも挑戦することで、「自分はこれをうまくこなせる」「物事をコントロールできる」という感覚が持てる自己統制感が高まっていきます。

そして、**成功するたびに有能感が高まり職業生活の質が向上していきます。**

このことを踏まえて、当事者の方と企業側が、職業生活の目標を、ワクワクするようなミッションとして一緒に考えると良いでしょう。

第4章

リスクを減らす雇用のヒント

ストレス度と再発リスクは比例する

第2章でストレス脆弱性モデルをお伝えしましたが、次はその器からストレスが溢れた状態、ストレスフルな状況について考えていきたいと思います。

統合失調症は、ストレス度が高いと再発のリスクも高くなると言われています。統合失調症の職業生活で、特に気をつけなければならないのは、やはり再発です。再発を繰り返すたびに、回復に時間がかかることもあるからです。

職業生活では、そのリスクを回避する方策を考えていく必要があります。それでは当事者の方は、どのようにストレスと上手に付き合えば良いでしょうか。

ストレスは、自分の目で見ることができません。そのため、周りの人が気づいてあげることも大切ですし、自分のストレスの傾向を知っておくことが重要です。

では、当事者自身も、職場の人も、ストレスの器から溢れている状況をどう理解し、どうリスクを回避できるか、その方法を考えていきましょう。

ストレスが器から溢れ始めると、心と体と行動の三つに表れていきます。

具体的には次の通りです。

・心の面……落ち込み、イライラ、不安、緊張などの反応
・体の面……不眠、胃痛、下痢、疲れなどの反応
・行動面……生活の乱れ、過食、喧嘩、深酒などの反応

福島さん（仮名）の事例

就職して2年が経ち、面接をした時の話です。

前回の面接時に比べて、８kg太り、覇気がなくボーッとした顔をされていました。「（太ったのは）どうしたのですか」と聞くと、当人は太ったことは気にされていませんでしたが、よくよく話を聞くと「まったく頭が働かず、大事なことを忘れて注意されている」「なぜか分からないけれど、家にいても苦しい」と話されていました。

何となく苦しい感じはするが、自分でそのストレス状態を理解できずに、その不安定な気持ちを紛らわすため、過食をされているということでした。また、「食べ過ぎて気持ちが悪くなるがやめられない」とも話されていました。

このようなストレスサインに自他ともに気付き、再発の危険レベルに至らずに、リスクを回避できるように確認することが大切です。ストレス反応をチェックできるものが厚生労働省のホームページに出ていますので、それを定期的にチェックしながら、働いてもらうのも良いでしょう。

〈厚生労働省　働く人のメンタルヘルス・ポータルサイト　こころの耳〉

段階的に変化するストレス

職業生活において、先ほどリストのようなストレス反応は多かれ少なかれ誰もがあることでしょう。

ただ、ストレス水準が低いレベルなのか、高いレベルなのかを判断するのは難しいところです。休むべき危険レベルなのか、休まずに勤務可能なのかが分かりません。

もちろんそのストレス反応を見て、その都度休む不安定な勤務状況であれば、雇用する側はあてにできず、頼れなくなり、当事者の職業生活の質が下がっていくでしょう。

また、適度なストレス体験は達成感や仕事の満足には大切なことです。自己成長感などの肯定的な変化をもたらすこともあります。

これらのことから、**ストレス反応を一括りに測るのではなく、段階的に分けて考えていくのが良いでしょう。**


では、ストレスとどのように付き合うべきでしょうか。ここでは、ストレスと真剣に向き合ってきた鈴木さん（仮名）の事例を一つ紹介したいと思います。

鈴木さんは有名な大学を卒業後、ＩＴ系の企業に勤めていましたが、過剰な勤務のストレスから、統合失調症を発症された方です。リハビリを行い、発症して5年経ったのちに小売業に就職されました。鈴木さんは慎重で几帳面な方で、毎日セルフモニタリングを行い、症状をチェックしていました。出会った当初は「就職は考えていません。まずは病気を治すことです」と寛解を目指し生活をされていました。そんな鈴木さんでしたが、徐々に対話の中で仕事をすることを決心しました。

働いて2年が過ぎた頃に話を聞くと「調子のレベルは5の中の3ぐらいです」と同じよ

うにセルフモニタリングをしていましたが、「ただ徐々にその習慣の意識が薄れています。波がありながらも受け入れています」と話されていました。

理由を聞くと、「今は良い意味で自己評価の基準が下がりました。昔は病気のことばかり気にしていましたが、それがなくなっています」「症状の波は相変わらずありますが、あまり気にしないようにしています」「劇的に変わった訳ではありません。ただ、それ以外に目を向けていると、回りの人が何を考えているかが、よくわかってきました」「みんな、良いところも悪いところもありますね」と笑い、以前の鈴木さんにはなかったポジティブな会話をされていました。

鈴木さんは、寛解に執着せずに、自分の症状以外にも意識を向けて、生活されていたのです。

ここでお伝えしたいことは、**ストレスチェックをし、症状を理解することだけが全てではない**ということです。

病気は当事者にとっての一部にしか過ぎません。それが全てになってしまうことで、時には、悪いところのみに視点が行きがちになってしまうこともあります。

例えば「昨日は調子良かったのに、今日は悪かった。明日は大丈夫かな。この症状は治るかな。これからの人生は大丈夫かな……」などと思考がネガティブになる場合もあるでしょう。

鈴木さんの例では、病気以外にも日々の頑張っていること、良かったことにも目を向けていったことで、自分も周りも良いところがあるし、悪いところもあると視野が広がって、見え方が変化されていました。

ストレスサインはここに出る

もちろんストレスチェックを日々行い、セルフモニタリングすることは大切なことです。ただ、症状に一喜一憂せずに他のことにも目を向けながら、視野を広げて症状と付き合っていくのがベターかと思います。

そこで、仕事をする上では、**当事者にはストレスの知識や、自分なりのストレスサインを理解しておく準備をさせ、リスクに備えて会社の人と共有しておきましょう。**

なお、心理士の田中健吾氏の研究によると、心理的ストレス反応は、ストレス水準が低い状態から高い状態に向かうプロセスが、四つの段階に分けられると報告しています。

ストレスの器が溢れる状態をイメージして例を挙げると、レベル1はチョロチョロと漏れ、レベル2はジョボジョボと流れ、レベル3はドバドバと激しくなり、最後のレベル4はドシャドシャと器から溢れている状況を表します。

レベル1　疲労感

チョロチョロと漏れている段階は「だるい、疲れた」という疲労感を感じます。

レベル2　易怒感

ジョボジョボと流れている段階は「やたら人のダメなところが目にいく」などイライラする易怒感があります。

レベル3　身体的不調感

ドバドバと強く流れている段階は、「胃がいたい」「緊張がとれない」などで肩こりや不眠になる身体的不調が起こります。

レベル4　抑うつ感

ドシャドシャと溢れている段階は、「生きている意味はない」「自分は何も価値がない」という抑うつ感を感じます。

このモデルを説明しますと、まず脳が疲れてくると頭が回らなくなります（疲労感）。すると、視野が狭くなって感情が表に出て冷静さを失ってきます（易怒感）。

それによってネガティブな感情や考えがあれやこれやと頭に浮かんでくると、眠れなくなったり、胃が痛くなったりと体に表れていきます（身体的不調感）。

最後に、心身ともにエネルギーを失って、鬱々した気持ちになる（抑うつ感）という4段階に分かれたモデルになります。みなさんも多かれ少なかれこのようなプロセスで、ストレスを感じたことはあるのではないでしょうか。

このモデルからストレス水準の目安を知ることで、ただストレス反応を一括りにせずに、当事者にとってのリスク因子は何かを、冷静に分析することが可能になります。

統合失調症と抑うつ感

多くの研究において、高い抑うつ感は、「仕事を辞めたい」という気持ちになり、職務満足感が下がると言われています。

職業生活の質（ＱＷＬ）の研究においても、同様に抑うつ感が高いと職務満足感が低くなるというエビデンスを得ています。

よって、当事者が働く上で、最もストレス水準が高いとされる「抑うつ感」にならないように、リスク回避の検討をしておくことが大切になります。

では、統合失調症と抑うつ感に関する先行研究を示しますと、統合失調症で起こる抑うつ状態は、脳の認知機能の処理速度、注意、記憶、実行機能を低下させて、症状が寛解するとこれらの低下が改善される傾向があると報告されています。

そして、抑うつ感は、あくまで統合失調症の一部であるとしながらも、認知機能障害の一部として説明ができると報告されています。このことから、抑うつ感に関連した因子を理解することで、再発のリスクを抑える方策が考えられます。

一方で、統合失調症の方は健康な人に比べ、ストレス耐性に弱く、突然調子を崩すこともあります。

三浦さん（仮名）は、一週間前まで元気に仕事に行っていたのに、上司からミスを指摘されたことで、被害感が強くなり、調子を崩し突然仕事に行けなくなった、ということがありました。

どうして突然ストレス水準が上がるのでしょうか。それによって周りの人は困惑することもあります。ストレスの器のストレスレベルのイメージで示すと、健康な人は、高いストレス状態が続くと、「チョロチョロ〜」→「ジョボジョボ〜」→「ドバドバ〜」→「バシャ〜」という感じで時間をかけて体調を崩していきます。

一方で、ストレス耐性が低い当事者の多くは、「チョロ〜、ジョボ〜、ドバ〜、ドシャ〜」という形で、急激にストレス水準が高くなります。三浦さんは、「ストレスがかかった時は、周りから見ると突然ダムが決壊したように見えるかもしれません。自分でも体調が悪いと気づいても、すでに流れを止められなくなっていることがあります」と話していました。

生き方をリカバリーする「元気回復行動プラン」

そもそも統合失調症のベースに、思考を止められずに、疲労感を感じやすい症状があります。

そのため、健康的な人に比べて、ネガティブな感情から急激に身体的不調感が生じて抑うつ感へとストレス水準が高くなっていきます。

すなわち、抑うつ感だけを観察して、リスク回避を考えるだけでは対応に遅れる可能性があり、不十分であると言えます。

ストレス水準の段階を理解しつつ、さらにもっと深く自身に特有なストレスサインを理解してリスク回避のためのプランを準備しておくことが重要になります。

ではどうすれば良いでしょうか。

精神障害者の方を対象とした、ＷＲＡＰ（ラップ）という元気回復行動プランが開発されています。ＷＲＡＰとは、Wellness（元気）・Recovery（回復）・Action（行動）・Plan（プラン）の頭文字を取って名称にしたものです。

開発したのはアメリカ人の精神障害当事者のコープランド氏を中心にした、当事者の人たちによって作られました。コープランド氏は重篤なうつ病を持つ母がいて、母の回復過程から多くのことを学びました。

そして、自身も双極性障害で、度重なる重くつらい症状をどうにか自分自身でコントロールしようと努力する過程からＷＲＡＰは作られています。今では世界中で活用されているツールです。

ＷＲＡＰの五つのキー概念

では、コープランド氏らが開発したＷＲＡＰ（元気回復行動プラン）について簡単に説明します。

まずＷＲＡＰには五つのキー概念があります。

一つ目は**「希望」**です。現実は困難な出来事がありますが、それでも回復する可能性を信じることです。

二つ目は**「責任」**で、自分が人生の主体になり、選択する責任を持つことです。誰もが困難な時に自分で決めることは難しいものです。そんな時こそ、どのような対応を求めるかも含め自身で選択し、責任を持つことが大切だといいます。

三つ目は**「学び」**で、自分が元気でいるために何が必要なのか学びを深め、視野と選択肢を広げていくことです。

四つ目は、自分のための**「権利擁護」**です。権利擁護とはあまり馴染みのない言葉ですが、要は自分自身を大切にし、守るということです。望む生活を叶えるために、声に出していくことが大切だとしています。

五つ目は、**「サポート」**です。サポートとは誰かからサポートを得るだけではなく、自身も誰かをサポートし、お互いに助け合っていく関係を表しています。

要するに、困難な現実にも、希望を持ち自身の可能性を信じて、人生の主人公として歩みコントロールし、学びを通して視野と選択肢を広げて、自分を大切するための自己表現をし、お互いに助け合えるつながりを持つことが元気になる上で大切だということです。

当事者の方は、病気になった原因を探り、過去を恨むこともあるでしょう。「虐められたから……」「親が良くないから……」「ああすれば、こうすれば、こうはならなかったのに……」と原因を考え、今という現実を受け入れられず希望が見えないことがあるかもしれません。

ただ、コープランド氏は「それでは元気になりませんよ」と伝えています。五つの要素を逆の視点から考えると、感覚的に理解できるのではないでしょうか。

「希望がなく可能性も感じず、他人に人生を委ねてコントロールできず、責任を取らず、何も自分から学ばず視野が狭く選択肢が少ない。そして、自分を大切にせずに自己表現を控えて人生を恨み、自分は助けを求めて人を助けない」というあり方ではどうでしょうか。

この状態では、たとえ仕事についても、職業生活の質は決してよくならないでしょう。なお、この五つのキー概念は、第6章でお伝えする「レジリエンス」と親和性が高いものです。

このWRAPを解釈すると、ゲーミフィケーションの項目でお伝えした、勇者のあり方が重要なのかもしれません。

「ＲＰＧの勇者は、災いから始まるストーリーが多く、その過去に悩み葛藤します。しかし、あるきっかけで未来の希望に向けて立ち上がり、成長して、仲間とともに、最後の敵を倒します。そのストーリーが人を感動させていく力になっています」

コープランド氏は、この勇者のように希望を持つことから始めましょうと言っているような気がします。

リスクを回避したり、元気になったりするには、まず勇者のマントを身にまとうことから慣れていく必要があるでしょう。

もちろん口で言うのはやすしです。最初は着心地が悪い部分があると思います。

ただ、諦めず希望を持ちながら、どんな時も着続けるのが大切でしょう。

七つの課題

次は、希望・責任・学び・権利擁護・サポートの五つのキー概念の上に、７つの課題に取り組んでいくプログラムになります。

元気であるために、または元気になるために、これまでやってきたこと、できるかもしれないことをリスト化します。

2　日常生活の管理プラン

まず良い感じの自分を書き出します。次に元気でいられるために日常を行うこと、時々行うことのプランを立てます。

3　引き金

調子を崩す要因になりうる出来事や状況を書き出して、実際に起きた時にリスク回避できるプランを立てます。

4　注意サイン

起こりうる注意すべきサインを書き出します。

体、心、行動に現れる注意サインを把握し、起きた時にすべきことを考えておきます。

5　調子が悪い時のプラン

かなり深刻な時の状態を把握し、自分の調子が悪くなってきた時に、必ず行うことを事前に計画します。

6　クライシスプラン

セルフケアができず、人に委ねる緊急時のプランです。

ここでは以下の九つのことを考えます。

①良い状況の自分について、②誰かに任せなければならない時のサイン、③お願いしたい人・お願いしたくない人、④医療・保健・福祉関係者の連絡先と薬の情報、⑤受けて良い治療と受けたくない治療、⑥自宅・地域でのケアと一時休養プラン、⑦入院しても良い病院としたくない病院、⑧他人がしてくれると役に立つことと余計に悪くなること、⑨クライシスプランが不要になった時のサイン。

7　クライシス脱出後のプラン

危機状態を脱した後のプランです。

急に元の生活に戻すのはリスクがあるので、順調な回復のためクライシスに陥る前に考えておく必要があります。

ＷＲＡＰは、当事者の体験に基づいて整理されたものであり、エビデンスもあります。

統合失調症の方にとって、より良い職業生活を送る上で強力なツールになります。

気持ちを分かち合うことの重要性

ＷＲＡＰは多くのプランを作成しますので、理解しやすいよう体調の表す図に合わせてまとめてみました。

この図は上に行けば調子が悪く、下に行けば調子が安定している状態を表しています。一番左のギザギザの部分は、ストレス反応が現れ調子が悪くなる前兆です。真ん中の山の部分は、症状が現れている状態、右のなだらかな部分は、症状が落ち着いた状態をそれぞれ表しています。

その時々の状態に合わせて活用できるようにプランを立てます。このように視覚的に場面を区別することで、より理解しやすくなるのではないでしょうか。

一方でＷＲＡＰの課題は、詳細で情報量が多いため、途中で断念される方もいらっしゃいます。

また、統合失調症は後天性の病気であり、自分が病

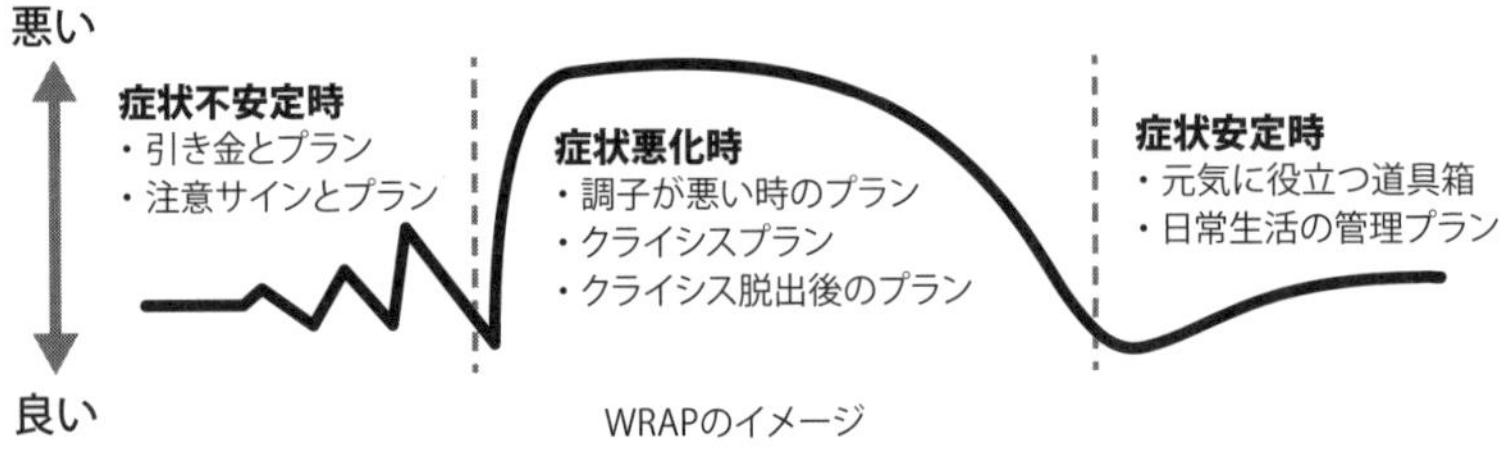

WRAPのイメージ

気であることをオープンにするのに抵抗感を持つ方は、少なくありません。自己探求が苦手な人もいるため、全ての人が高いモチベーションで実施するのは難しいでしょう。

そしてＷＲＡＰを行うには、研修を受けたファシリテーターの専門的な知識と技術が必要です。

そのため気軽に始めるのには、少々ハードルがあります。

ゲームに例えるなら、素晴らしく完成度が高いゲームであっても、ユーザーにとって最初の説明や設定が難し過ぎると、フローにならずに途中でやめてしまうことがあるのと同じです。

そうすると、やる気スイッチを上げていくための仕掛けが必要になります。動機づけのためＷＲＡＰをゲーム感覚でフローになるように工夫し始めてみるのも良いでしょう。

もう一つの懸念事項は、プランを生活の中で忘れずに意識できるかどうかということです。せっかく素晴らしいプランを立てても、忘れてしまったら、いざという時に活用できません。みなさんも「やるぞ！」と決めても、一週間後には忘れて、今までと同じ自分に戻ることはありませんか。私はしょっちゅうあります。

では、どうしたら良いでしょうか。

意識して生活するには、外在化・対象化・内在化、この三つが重要なキーワードです。

外在化とは、自分の思いや考えを外に表すこと。

対象化とは、その言葉が自分を縛るルールになること。

内在化とは、そのルールを習慣化する中で価値観に取り入れることです。

このプロセスを通して、内在化すればいざという時にプランを活用することができます。

そこでＷＲＡＰで大切にしているのは、分かち合いです。同じ障害がある仲間と喜びや苦しみを分かち合う中で、外在化、対象化、内在化のプロセスができます。

新たな価値観や常識は最初からあるわけではありません。自分の希望を宣言し、それに向けて行動し、取り込んでいく、このループの中で培われています。

分かりやすく言えば、『ワンピース』のルフィーが「海賊王になる」と宣言し、その言葉から行動に移し、仲間と喜びや苦しみを分かち合う中で、海賊王としての生き様が内在化されていく感じでしょうか。これを社会化といいます。

家庭でも学校でも会社でも、新たな価値観を取り入れていく上で、同じようなプロセスを体験されているかと思います。

つまり、ＷＲＡＰも同じようなプロセスが重要で、感情や思考を分かち合うことで内在化していきます。自分の希望を宣言し、責任を持ちプランに沿って行動し、病気の対応を含めて自身で決めていきながら、自律した生き方を内在化していきます。

情報を共有しておくことの重要性

次に紹介したいのは、ＷＲＡＰとは異なるクライシスプラン、「クライシスプラン（ＣＰ‐Ｊ）」です。

企業は統合失調症の方を配慮をするにあたり、**当事者の障害や症状を確認して、いざという時の対処も含めて情報を共有しておくこと**が大切になります。

ただ実際、企業の人事担当者は当事者に対して「どこまで病気の話を踏み込んで聞いていいのか」「障害があるのは分かるけど、どのように理解すれば良いのか」また「万が一何かあった場合にどのようにすれば良いかが分からない」など、いろいろと疑問もあり、悩むことがあります。

それにより、雇用に二の足を踏む企業もあるでしょう。もっと気軽に情報共有ができれば、統合失調症の雇用がより進められると思いますが、未だにできている状況とはいえません。

次に紹介するクライシスプラン（ＣＰ‐Ｊ）は、他者と共有できるツールで、ＷＲＡＰ

に比べて、シンプルです。ＷＲＡＰのクライシスプランは、当事者自身がより深く自分らしい生き方を回復するプロセスにアプローチしていく方法です。一方でクライシスプラン（ＣＰ‐Ｊ）は、他者と共有しながら進めていくアプローチになりますので、障害者雇用で活用するのであれば、後者のほうがやりやすいと考えています。

ここでは、心理士の野村照幸氏の論文を参考にして説明していきます。

次の三つの情報について整理します。

①良い状態「良い状態に保つための工夫」
②注意状態「病状の悪くなり始めの立て直し方法」
③要注意状態「病状悪化が深刻になった時のスムーズな対処法」

一般的に理解しやすい風邪を例に挙げます。

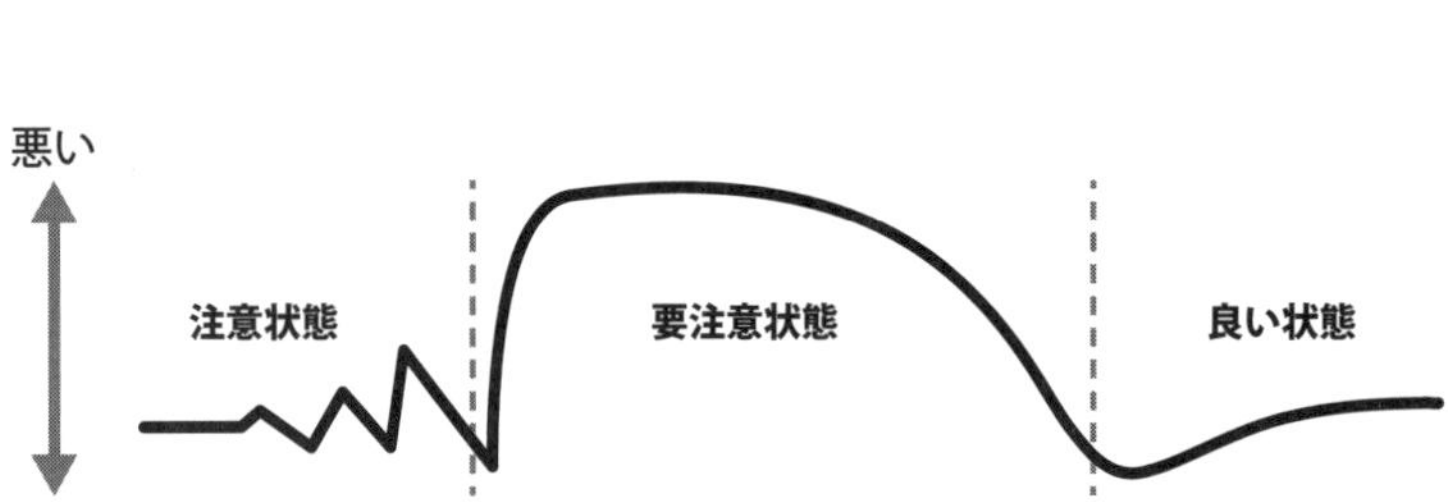

クライシスプラン（CP-J）のイメージ

理解を深めるため、まずあなたが風邪を引いていると仮定し、風邪の状態をイメージしてください。

風邪の症状

・（注意状態）あなたの風邪の引きはじめには、どのような症状がありますか。
例）「鼻水」「喉の痛み」
・（要注意状態）あなたのひどい風邪は、どのような症状がありますか。
例）「高熱」「ひどい咳」

風邪の対処法

次は自分なりの風邪に対する対処法を教えてください。
・（注意状態）あなたは風邪の引きはじめにはどう対処しますか。
例）「自宅の薬を飲む」「お酒を控えて早めに寝る」
・（要注意状態）あなたはひどい風邪の時はどう対処しますか。
例）「会社を休み、病院に行く」「外出を控える」などが挙げられるでしょう。

周囲の人にお願いしたいこと

風邪を引くと、それまでできていたことができなくなることがあります。

今まで風邪の際に周囲の人に手伝ってもらったこと、もしくは、してほしいことを教えてください。

・（注意状態）あなたは風邪の引きはじめには何をしてもらいたいですか。

例）「買い物を手伝ってもらいたい」

・（要注意状態）あなたはひどい風邪の時は何をしてもらいたいですか。

例）「そっと寝かせてほしい」「子供の面倒を見てほしい」

次に、健康管理において一番大切なことは風邪を引かないよう予防することです。

・（良い状態）あなたの自己管理法を教えてください。

例）「運動をする」「栄養バランスが良い食事をとる」

・（良い状態）あなたの健康を日々サポートしてくれている人やその内容を教えてください。

例）「毎日食事を作ってくれる」「話を聞いてスッキリさせてくれる」

・（良い状態）あなたの健康が最高な状態を教えてください。

例）「前向きな仕事をしている」「幸せな気持ちを感じている」

いかがでしょうか。やってみて分かるように、とてもシンプルに作ることができます。

クライシスプランが効果的な理由

しかし、どうしてクライシスプランを予め作っておく必要があるのでしょうか。

多くの方は、今まで風邪を経験したことがあります。

健康でほとんど風邪を引いたことがない人でも、周りになった人はいるでしょう。

多くの方は風邪へのクライシスプランを作らずとも、経験的に対処法は自然に身についています。わざわざ風邪のプランを作成する必要はないでしょう。

しかし、統合失調症は20歳前後に発病する病気です。突然起こった症状への経験値も少なく、風邪のように自然に対処方法を獲得することができません。

また、**ストレス水準が急に高くなる統合失調症の方は、調子を崩した時により良い判断が難しくなってしまう**ことがあります。実際、何度か再発を繰り返す体験の中で対処法を身につけていく方もいます。

しかし、再発は自他ともに苦しい思いにつながりますので、**予めクライシスプランを作成し、対処できるように準備しておく**ことが大切でしょう。体調の良い状態の時にこそ対処方法を話し合っておくことが、安心して働くことを可能にしていきます。

野村照幸氏によると、クライシスプラン（CP‐J）は作成するプロセスを通じて当事者と治療者の関係を良好にするというエビデンスがあります。

そして、統合失調症や双極性障害の当事者の方にとって、認知行動療法等と比べると、入院を防ぐ上で最も良いツールという根拠があることが示されています。

つまり、クライシスプランを治療者と当事者で共有することで、職場でも当事者との良好な関係が築けて、リスク回避できる可能性があります。

具体的にクライシスプランを作成するにあたり、野村氏は以下の話し方のポイントを示しています。

①目標

まず押さえてほしいのは、当事者にとっての症状はあくまで一部にしか過ぎないということです。もちろん、症状が悪化しないように職業生活を送ることは大切なことですが、それをゴールにして仕事をしているわけではありません。症状のリスク管理が全てにならないように当事者が目指す目標や希望を確認します。

そのようにすれば、「この目標を達成するために症状とうまく付き合っていこう」という計画に対して、高いモチベーションで行動することができるでしょう。

次に、クライシスプランで確認すべき「良い状態」、「注意状態」、「要注意状態」を確認していきます。

②良い状態

当事者に良い状態を確認する時には、「○○さんにとって健康で最高な状態はどのような感じか教えてもらえますか？」と質問をします。

その状態を分かっているのであれば、問題はありませんが、良い状態と聞かれてもどの状態が良いかが分からないことがあります。私も急にそのようなことを聞かれれば、うーんと考えて「これかな？」「あれかな？」と悩むでしょう。

その時には「○○さんにとっていい感じの時は、優しいですし、周りに気をつかって配慮ができますよね」と肯定的なフィードバックをしつつ、深めていくと良いでしょう。そして、健康でいるための自己管理の仕方や、周りがどんなサポートをしてくれると良いかを聞いていきます。

③注意状態・要注意状態

この質問も良い状態と同じように聞いていきます。「○○さんにとって、ちょっとまずいなと思うストレスサインはどのような感じですか」や「○○さんにとって、相当まずいなと思うストレスサインはどのような感じですか」と伝えます。

良い状態と同じように話してもらえれば良いですが、あまり分かっていない場合や、病気のことを話すのに抵抗がある場合には以下のような形で聞いていきます。

理解できない方に対しては、質問者が自己開示し「自分はこういう時が少し苦しいのだけど、○○さんは同じようなことはありませんか」とヒントを提示しながら聞き出します。

病気のことを話すのに抵抗がある人には、「風邪でいうと引き始めの状態はどのような状態ですか」「風邪でいうと、すごくこじらせた時はどのような状態になるのですか」と比喩を使ったり、「普段の自分とは違うなと思う時はどんな感じですか」と間接的に聞いたり、「以前、入院した時と比べて、いつもの自分とどのあたりに違いがありましたか」と体験的なところから聞いたりするのも良いでしょう。

そのようなサインを聞き出した上で、良い状態と同じように自己管理と周りのサポートを聞いていきます。

これらのことが、企業と当事者で率直に話し合えれば、より良い関係性が育まれ、いざという時の助けを求めたり、適切な合理的配慮をすることが可能になります。

クライシスプラン（CP-J）事例

高橋さん（仮名）の事例を通してお伝えします。40代男性で、10年前に統合失調症を発病された方です。

病気になった後に、時間をかけて回復し、障害を隠して再就職しました。しかし1年働いたのち、上司に対して「みんながやりたくない仕事を自分だけに押し付けている」とイライラが募ってきました。ストレスから飲酒の量が増え、眠りが浅くなり、再発し退職することになりました。

その後、障害福祉サービス事業所に通いながらリハビリをし、以下のようなクライシスプランを作成した上で、障害者雇用にて就職されました。

私の目標

・仕事に安定して通い、正社員になる

気をつけたほうがいいストレス

・対人関係の距離感

良い状態

・落ち着いている、楽しんでいる、ルーティンのある生活
・自分の対処と対応…ルーティンがある生活、人と比べない、ゆっくり関係を築く、好きな音楽を聴く、スケジュールを書き出す
・周りの対処と対応…規則正しい生活の確認と助言、頑張っていることを伝えてもらう

注意状態

テレビなど集中できない、イライラする、根拠もなく嫌われていると考える、早朝覚醒する、焦っている

・自分の対処と対応…呼吸法、不眠時の薬を使う、感情を書き出す（現実か思い込みかを確認、問題なければその考えを捨てる）、ルーティンの生活を見直す
・周りの対処対応…やっていないプランがあれば勧める、悪循環を整理してもらう

要注意状態

生きている意味がないと感じる、睡眠薬を飲んでも眠れず睡眠時間が4時間以内、嫌がらせされていると思い込む
・自分の対処と対応…臨時受診する
・周りの対処と対応…休みを認める、臨時受診を考える、先生に入院の相談をする

私の支援者

・課長、主治医、就労支援員

要注意の状態の時の希望・計画

・周りから見て具合が悪そうな時はこのプランに沿ってほしい

以上のような形でプランを立てました。このプランが意識できるようにと、セルフモニタリング表をプラン項目に合わせて作り、日々の生活を確認していきました。

高橋さんは、クライシスプランを作るにあたり、当初は病気のことを話そうとされませんでした。「自身の症状を話すと変に思われるのではないか」と思い、今まで本音を伏せながら生活されてきたそうです。

その中で私からは「高橋さんのような体験をしたことがないので分かりません」「どのような体験をしたのかを教えてもらえませんか」と**症状に焦点を当てて聞くのではなく、貴重な経験をされた人として聞く**ようにしました。

状態	項目	月　日	月　日	月　日
良い状態	落ち着いている	○		
	楽しんでいる	○		
	ルーティンのある生活	○		
注意状態	集中できない	○		
	イライラしやすくなる	○		
	嫌われていると思う	○		
要注意状態	生きている意味を感じない	○		
	睡眠が４時間以内	○		
	嫌がらせされていると思う	○		
睡眠時間		６時間		
総合評価		○		

セルフモニタリング表

その中で高橋さんも**心**を開き、徐々に悩みが明らかになり、お互いに自由に話せる関係を築くことができるようになりました。

エンパシーの話の中でもお伝えしましたが、**当事者の見え方（パラダイム）に立って、聞き続けること**がポイントです。

第5章

ストレス対処の六つの蛇口

ストレスに対処するスキルを知る

今まで、ストレス脆弱性モデルの説明は、器に溜まった適切なストレス量とは何か、ストレスが溢れた時の状態と対処方法は何かについて話してきました。

ここでは、ストレスを吐き出すストレスの蛇口の部分をお伝えします。これは何かというと、ストレスの器からストレッサーを出して調整する部分です。蛇口は、適切な量に保ち生活のバランスを取るために、締めたり開いたりすることが大切です。

蛇口を締めっぱなしにすれば溢れて精神的健康が悪くなりますし、出しっぱなしにすれば、味気もない生活を送ることになるでしょう。人生をより良く生きる上でとても大切な部分です。

このストレス発散の方法は、人それぞれ違いがあります。例えば、音楽を聴く人、食事をいっぱい食べる人、お酒を飲んで愚痴を言う人、山登りをする人、などさまざまな方法があります。多くの人がそのようなストレス発散をしながら、器の量を適切に保つように工夫しながら生活をされています。

一方で、その方法が適切でなければ、逆にストレスが溜まって職業生活の質を落としていくことになります。では、どのようなスキルを身につければ、職業生活の質を高めていくことができるでしょうか。

ストレス発散の方法を心理学では、ストレスコーピングスキルと呼びます。コーピングとは対処のことを言い、訳すると「ストレスへ対処する技術」ということになります。

ストレスを吐き出す六つの蛇口の使い方

職業生活の質（ＱＷＬ）の研究では、研究者の影山隆之氏によるコーピング特性簡易尺度を使いましたので、その説明をします。ストレス対処は、さまざまな方法がありますが、この尺度では、それをギュッと六つにまとめて提示をしています。

①積極的な問題解決

問題そのものを解決するために自ら行動しようとすることです。今できることを考えてみたり、原因を調べて行動してみたりすることになります。

②解決のための相談

問題そのものの解決のために周りの力を借りようとすることです。当事者同士で話し合ったり、信頼できる人やその道の詳しい人に相談したりしながら問題を解決していきます。

③発想の転換

問題となっていることを、プラスの価値を見出す「価値の切り上げ」をしたり、変えられないものはしょうがないと割り切る「価値の切り下げ」をしたりと視点・発想・価値を変えた見方をする方法です。

④気分転換

不安やイライラなど自分が嫌な感情を沈めるために、何か違うことをすることを指します。趣味で気を紛らわせたり、外出や運動などの活動で気分転換を図ったりしていきます。

⑤他者への情動発散

これはいわゆる八つ当たりです。人のことを責めたり、問題の原因を誰かのせいにしたりして、怒りや不安を減らしていこうという行動です。

⑥回避と抑制

問題や課題にぶつかった時に、我慢したり、先送りにしたりして、結果として何もしないことです。時が過ぎれば解決するだろうと思い、ただその時間を耐えていく方法です。

六つのコーピングスキルは、場面によって効果的な対処法は違いますので、色々と使い分けることが大切ですが、一般的には、①〜④はストレス反応を下げる傾向がある一方で、⑤、⑥はストレス反応を高める傾向があることが示されています。

では、みなさんがイメージできるように、あなたが抱えている「重要な問題」「難しい人間関係」「将来予測できる不安」を一つ挙げてください。

不安や嫌な気持ちになる問題は、多かれ少なかれ誰にでもあるのではないでしょうか。

では、その問題に対してどのように解決していますか。

まずは、問題を自分なりに調べて積極的に問題解決ができるのが理想でしょう（積極的な問題解決）。

それでも難しいようであれば、人に相談し協力してもらいながら解決できるのが良いでしょう（解決のための相談）。ただ人生の中には、問題が複雑に絡み合って、単純に解決できないことがあります。

その時は問題になっていることを、プラスの価値を見出しながら「自分にとって成長できる機会だ」とか、「変えられないものはしょうがない」と割り切って、「自分を一番に大切にするためやめてみる」とか、結果を焦らずに「長い目で見て解決していこう」とするなど、いくらでも見え方を変えて行くことができます（発想の転換）。

あとは、問題となっていることが人生の全てではありません。他の楽しみを見つけて、旅行やお出かけ、趣味や運動などの活動をして、他で生活を充実させていくことも大切なことでしょう（気分転換）。

一方で、問題や課題に対して、ただ何もせずに直面することを避けていけば、もやもやで心が埋め尽くされてしまうことがあります。その不安をかき消すために、飲酒やギャンブル、趣味にどっぷりハマることで気を紛らわそうとする方もいます（回避と抑制）。

程度によりますが、生活にも健康にも支障をきたすことがあるでしょう。そして、モヤモヤした気持ちを怒りとしてぶつけて発散する人もいるでしょう（情動発散）。

しかし、その方法では人間関係が悪化し、生活の質はどんどん下がる悪循環になっていくでしょう。

このように蛇口の使い方によっては、職業生活の質を上げたり、下げたりすることが分かったのではないでしょうか。

実際に、職業生活の質（ＱＷＬ）に関する研究では、抑うつ感と正の相関があったのは、「回避と抑制」「情動発散」の二つです。要は、「問題を先送りしたり放り出したりして、問題を避けたとしても、気持ちは決して晴れずに鬱々することになる」、また、「怒りを誰かにぶつけて一時的にスッキリしても、人間関係を崩したり、気持ちが落ち込んだりする」ということでした。

一方で、フロー理論で話した自分にとって挑戦レベルが高い問題や課題に対しては、誰もがそれを避けたくなります。難しい課題に対して、見て見ないふりをしたり、後回しにしたりと、問題から回避や逃避をしてしまうのは誰もがあることではないでしょうか。

特に当事者の多くの方は、そもそも緊張や不安感が強いため、新たなことに対して挑戦レベルが高く、スキルレベルが低いと感じてしまう傾向があります。

そのため、①〜④のコーピングを使うことを避けてしまい、うまく蛇口を開けられずに、ストレス反応を高くさせてしまうことがあります。

問題から目を逸らす代償

前回、積極的な問題解決、解決のための相談、発想の転換、気分転換の四つのスキルを身につけることが職業生活の質を高めていく上で効果的であるとお伝えしました。

ただ、ストレスとなる問題の多くは、フロー理論でいう挑戦レベルが高く、スキルレベルが低い課題で、それに向き合うのに強い緊張や不安を感じることでしょう。

そのような問題があれば、誰もが後回しにしたり、気にしないようにしたりして、回避や抑制のスキルを使いたくなる気持ちは理解できるのではないでしょうか。特に当事者の多くは、健康な人にとっては大したことでないことも一大事と感じている場合があり、効果的なコーピングを活用できずにいます。

その結果、回避と抑制のスキルが自然と身について、職業生活の質を下げていくことがあります。

ストレスフルな出来事に対して、回避と抑制のスキルを使っていたら、どのような代償があるかを見てみましょう。想像すれば分かりますが、このスキルを使うと一時的に問題から逃れることはできます。

しかし根本的な解決はされていないので、いつもどこかで気がかりがあって、スッキリせずなんとなく元気がなくなっていきます。仕事を後回しにしていると休日でも何か憂鬱な感じになります。このような経験は誰でもあるのではないでしょうか。

では、当事者の方が、仕事の場面でそのスキルを使っていたらどうなるでしょうか。気がかりから、被害妄想が膨らみ、調子を崩して、仕事は休みがちになることがあるかもしれません。

そうなれば、会社から期待されている仕事ができないため、信頼関係を失い、職場に居づらくなっていきます。

もしくは、誰かに負担をかけて我慢をさせてしまうこともあるでしょう。

渡辺さん（仮名）の事例

今まで仕事をほとんど経験されていない30代後半の女性です。発達障害と統合失調症がある方です。

引きこもり期間が長く、人との関わりを避けてきた方です。

まず障害福祉サービス事業所に入ってすぐに支援者からあることを指摘され、「嫌われている」と言い、休みがちになりましたが、他の支援者からサポートを受け、再び通えるようになりました。

次は安定したので実習に行きましたが、同じく「嫌われている」と言い、休むようになりました。実習先の方と話し合いをもち、最後までやり遂げることができました。同じことを繰り返さないように渡辺さんの課題を整理し、就職しました。しかし、それでも1ヶ月が過ぎると、職場で「私は嫌われている」と言い、休みがちになりました。

私は、彼女の気持ちを受け止めつつ、勤め先の会社に繋ぎながらサポートをしました。しかし、再び同じことが起こり、結局退職することになりました。この事例では何が起きているのでしょうか。

渡辺さんのパターン

シンプルに言うと「指摘される→嫌われている」のパターンの繰り返しです。

幼少期に親からの虐待があり愛されなかった体験や、友達からいじめられてきたことがある方です。

過去に培われた「愛されていないと思い込むメガネ」は、ちょっとやそっとでは外すことができないために、少しの指摘を受けると、「嫌われている」という見え方になってしまいます。

これは渡辺さん自身も気づいてはいませんが、常に傷つかないための回避スキルを巧みに使いながら、人と関わる生き方をされているのです。

しかし、それが自他ともに代償につながっているとは思ってはいません。

実際に障害福祉サービス事業所内では、渡辺さんを傷つけないようにサポートすることは可能で、さほど問題はありません。しかしながら、企業で働き、職業生活の質を高めていくには、その方法ではうまくいく確率は極めて低くなります。


そこで、同じパターンへの気づきが重要です。程度の差がありますが、同じことを繰り返してしまうのは、誰でも起こります。ただ同じメガネをつけていれば、環境や人がたとえ変わったとしても、同じようなことが起こります。

その繰り返しに多くの人は気づかずに生活しています。長く生きている人であれば、なんとなく人生が繰り返していることに気づくこともあるかもしれません。もし自分の課題として気づいたとしても、メガネを外して行動を変えていくにはハードルがあります。

イライラをぶつけても解決しない！

「他者への情動発散」の代償も、回避と抑制と同じく考えていきます。
このコーピングスキルも、中長期的に見るとあまり役に立ちません。
しかし、気づかないまま身につけている当事者の方もよくいますので、ご紹介します。

山本さん（仮名）の事例

山本さんは、離職を繰り返して、職場復帰のために障害福祉サービス事業所に通われていた方です。山本さんに以前の職場の話を聞くと、「職場では、仕事終わりに遊ぶ仲間もいたので楽しかった」「しかしその仲が良かった仲間に裏切られ、みんなから嫌われ辞めることになった」「愚痴を聞いてあげたのに、仕事も一生懸命しているのに……いつも私は不幸だ」と悔しい気持ちを話してくれました。

実際に山本さんの様子を障害福祉サービス事業所で見ていると、とても優しく面倒見が良い方でした。

また山本さんは、他の人に迷惑をかけている方に対しては、自ら注意するという正義感もあり、利用者の多くから慕われている存在でした。しかし問題が解決されずにいると、スタッフに「あの人とは一緒にいたくない、しっかり注意してほしい」と怒って伝えに来ることがありました。

　スタッフも考えて対策を講じましたが、山本さんにとって悩ましい状態が続いていました。それに対し、山本さんはどんどん不満が募り、同じ利用者の方に「スタッフの対応が悪い」と怒り愚痴をこぼしていました。さらに、その迷惑をかけている人に対しては、冷たく無視をしながら過ごされていました。

　ここでお伝えしたいことは、問題解決に対して情動発散のコーピングスキルは中長期的には効果が薄く、職業生活の質を下げるということです。山本さんは過去、職場では人一倍気を遣い、一生懸命に働き、会社に貢献されていたことが推測できます。しかし、もし過去の職場で同じようなことをしていたとしたら、職業生活が上手くいかなかったことも想像できます。

山本さんのパターン

　山本さんは、決して悪いことをしているわけではありません。そうしてきた正しい理由もあります。

しかし見方を変えてシンプルにすると、「ストレス状況→他人への情動発散」になります。これが山本さんのパターンで、ストレス状況に対して、「正しい／間違っている」と極端な評価の見え方から、好き嫌いで人と関わり、情動発散で問題解決をされています。

山本さんは子供の頃、両親に厳しく感情的に育てられた体験があります。すでにご両親は他界されていますが、病気になった原因を「親の育て方が悪い」と言い、未だに怒りを持ち、許せずにいました。山本さんの価値観は、「正しくなくてはいけない」という善し悪しメガネを無意識につけていたのです。そのメガネを通して見れば、人間関係でストレスフルな問題が生じた場面はどう映るでしょうか。

「両親との過去の記憶」と「同じような状況」があれば、無意識にイライラと感情が生じて、「正しくない、間違っている」と現実のように表れてきます。そのメガネにより山本さんは、困難な時は情動発散で対処する苦しい生き方をされていました。

前回の渡辺さんと同様に、このメガネに気づかない限り、人を変えても場所を変えても同じようなことが起こってしまうでしょう。もちろん誰もが多少なりとも人の好き嫌いはあります。しかし、職業生活の質が良好な人は、前回話した主に①～④のコーピングをしなやかに活用し、問題を解決しながら職業生活をされています。特に他人の良いところや尊敬できるところを発見することに長けています。そして仕事で嫌なことがあっても、周囲の人や環境に感謝しながら生活をされています。

しかし、山本さんは問題に対して、それとは逆な発言や行動をされていました。そのため、ストレス反応の水準も高くなりますし、人間関係を崩していくという自他ともに大きな代償があったのです。

自分を見るもうひとりの自分

以前、「７つの習慣」について話しましたが、そのSEE-DO-GETの話を通して、回避と抑制と情動発散の代償に対するサポートについて述べていきます。

著者のコーヴィーは、「人は自分では物事をありのままに見ていると思いがちであるが、実際は、自分のパラダイム（認識の枠組み）を通じて、物事を見て解釈している」、そして「そのパラダイムは、人それぞれの人生経験に基づいて形成されていて、人によってパラダイムが異なる。同じものを見ても違うふうに解釈している」、さらに「パラダイムの重要性は、見え方（SEE）が行動（DO）を決め、得られる結果（GET）の法則があり、既存の認識の枠組み次第で人生の成果も変わってしまう」という法則について述べています。

すなわち、渡辺さんのように愛されていないメガネを通して世界を見ると、指摘されたことは「嫌われている」という見え方（SEE）になり、回避する行動（DO）につながります。そして働くことができない（GET）になっていました。

山本さんも同様に、善し悪しメガネを通して世界を見ると、価値観が合わない人は「間違っている」という（SEE）になり、イライラし周りに怒りをぶつけて（DO）、そして働くことができない（GET）になっていました。

ここでお伝えしたいことは、渡辺さんのように「嫌われた」という見え方を直せと言うわけでもなく、「間違っている」という見え方をやめなさいと言うわけではありません。パラダイム（認識の枠組み）によって、見え方が決まってしまうのは仕方がないということです。

実際に皆さんも、心に浮かんでしまうことは、「そう思うな！」と言われても思ってしまうのではないでしょうか。

例えば、アイドルや俳優さんを見て、「かっこいいな！」「かわいいな！」（SEE）と思い、ファンクラブに入り、「私が推しの力にならなきゃ」と、「たくさんグッズを買う」（DO）ようになっていく人もいます。そのように「かっこいい！」「かわいい！」、そして「応援したい」と思ってしまうのは、「そう思うな！」と言われてもそう見えてしまうから仕方がないことでしょう。もし自分の好きを否定されたらどのような気持ちになるでしょうか。決していい気持ちはしないでしょう。

しかし、どんどんハマっていき、推しにお金をつぎ込み生活費がなくなってしまったら問題（GET）です。

ただ「私はこういうアイドルが好き。ただお金の使い過ぎに気をつけよう」と自分を外から見て、エンターテイメントを一つの楽しみ（GET）にされていれば全く問題はないでしょう。

つまり、**考えている自分を見る「もうひとりの自分」**がいることが重要になります。

「メタ認知」で自分をコントロールする

考えている自分を見る自分のことを「メタ認知」と呼びます。

メタ認知とは、自分の認知活動を客観的にとらえることです。つまり、自分が考えること、感じること、記憶すること、判断することなどを認識することです。

そして、自分自身を客観的に見ることに加えて、自身をコントロールでき、冷静な判断や行動ができる能力をメタ認知能力と呼びます。

先程の愛されていないメガネや、善し悪しメガネも、自分は「そういう見え方をする」と見る自分がいれば、対処することが可能になります。

既存のメガネを外して、異なるメガネを試着できたら、今までとは違う結果になるでしょう。同様に統合失調症の幻聴・幻覚も、感じることを「感じるな」と言われても、感じてしまうのは仕方がないことです。

企業の方からすると、統合失調症の方から幻聴・幻覚があると言われたらどう対処してあげれば良いか、心配になるかもしれません。

当事者が幻聴・幻覚を感じている自分を見るスキルを獲得できていれば、コントロールすることが可能になります。精神科医のアンソニー氏の研究によると「精神疾患症状尺度や診断は、職業リハビリテーションの成果を予測せず、成果を予測するのは、職業技能自体の尺度である」と示しています。

つまり、統合失調症の方が仕事をできるかどうかは、病気の重さ軽さでは分からないということです。

一見、幻聴・幻覚があると仕事ができないと思われがちではありますが、実はそうではないということです。

実際に症状がありながらも、働いている人はたくさんいます。**いくら症状があったとしても、自身の症状と事実が区別できていれば、働くことは可能**だと言えます。それらの症状と対策について企業と当事者で話し合い共有しておくことが大切でしょう。

例えば、業務日誌や連絡帳に今日の体調を書く欄を設けて、本人が客観的に体調を意識できるようにしたり、定期的な面談を行うことで状態を共有できる機会を作ったりし、**何を感じているか、やりがいを持っているか、困っていることは何かなどを確認していくこと**も効果的です。

積極的な問題解決の技法

ここでは、ストレスに対処する四つのストレスコーピングスキルを身につけるための方法をお伝えします。

まずは「積極的な問題解決」とは何かです。

これは、「問題を解決するに際して、原因を調べたり、今まで体験したことを参考にしたりしながら、今何ができるかを冷静に考えて解決していくスキル」になります。

そこで積極的な問題解決のスキルのイメージができるように、今あなたが抱えている最もストレスフルな出来事を一つ思い出してください。

どのような気持ちでどのように解決されますか。

先ほどの積極的な問題解決のスキルを使って、冷静に対処するのは意外と難しいのではないでしょうか。

そこで、積極的な問題解決を行う上で、シンプルな問題解決技法の五つのステップをご紹介します。

ステップ1　問題を明らかにする
ステップ2　解決策をできるだけ挙げる
ステップ3　解決策の中から効果的かつ現実的なものを選ぶ
ステップ4　実行する
ステップ5　振り返る

これを実行した近藤さん（仮名）の例を挙げます。

ステップ1　問題を明らかにする。

「社内の人で、怖そうに見えて、話せない人がいる」

ステップ2　解決策をできるだけ挙げてみる

1「自分から積極的に仕事の相談をしてみる」
2「朝夕の挨拶を笑顔でしっかりする」
3「良いところを見つける」
4「怖いと思う根拠は何かを考えてみる」
5「少し距離を置く」

ステップ3　効果的かつ現実的なものを選び、点数をつける

①効果的に解決できそうな点数
1「自分から積極的に仕事の相談をしてみる」　10点

2「朝夕の挨拶を笑顔でしっかりする」7点
3「良いところを見つける」6点
4「怖いと思う根拠は何かを考えてみる」5点
5「少し距離を置く」2点

②実行のしやすさの点数
1「朝夕の挨拶を笑顔でしっかりする」 9点
2「少し距離を置く」7点
3「怖いと思う根拠は何かを考えてみる」4点
4「良いところを見つける」 6点
5「自分から相談したり話しかけたり、会話をしてみる」3点

ここで点数を見ると、「朝夕の挨拶を笑顔でしっかりする」が解決・実行のしやすさを合計すると16点で最も高かったため、この項目で行動することを決定しました。

ステップ４　実行する

・朝と夕の２回は特に意識して一週間やってみる

ステップ５　振り返る

・朝にしっかり話せることで、少し楽になった

以上です。

考えていることを全て書き出して、眺めていくこの過程を踏むことで、感情を横に置いて、冷静に積極的な問題解決を考えることが可能になりました。

ロールプレイでスキルを上げる

では、問題解決技法で挙げた方法の中で、「効果的であるが難易度が高い」ものは選択しないほうが良いのでしょうか。先ほどの事例で言うと、効果が高く、やりやすさは低いのは、「自分から積極的に仕事の相談をしてみる」（解決できそう10点　やりやすさ３点）という項目でした。

職業生活において、「やりやすくないものは選ばない」という選択ができれば良いのですが、なかなかそういう訳にはいきません。

皆さんも、実際の仕事で、とてもプレッシャーがかかるけれど、必ずやらなければいけないこともあるでしょう。

皆さんは、このような局面をどのように乗り切っているでしょうか。

プレッシャーがかかる場面とは、例えば偉い人が大勢いる前でスピーチしなければいけない場面、難しい交渉をしなければいけない場面、大きなミスを上司に報告しないといけない場面、などが挙げられます。

このような場面で、誠実に取り組むことで周りの人が助けてくれることもあるかもしれませんが、ある程度のスキルがなければ、ミッションをクリアするのは難しいことでしょう。そのような難題に直面した時に多くの方が行っているのは、リハーサルや練習ではないでしょうか。鏡の前で練習したり、誰かに聞いてもらったりすることで徐々に自分のものになっていき、本番でできるようになります。

例を挙げるとしたら、プロ野球選手。彼らは何千回もバットを振り、投手のクセを分析したり、周りの選手を見よう見まねしたり、コーチに助言をもらいながら、練習試合を重ねて、家族に励まされ、本番にホームランが打てるようになります。当たり前ですが、このような練習無くして成果を得ることはできません。もちろん一般の職業生活においても同様に大切なことでしょう。

では、統合失調症の方にどのようなサポートができるでしょうか。

精神障害者向けに開発された社会生活技能訓練（Social Skills Training）、通称ＳＳＴというものがあります。これは１９７０年代にアメリカ人のリバーマン氏によって開発され、多くの機関で実施されています。

ＳＳＴの目的は、精神障害者のコミュニケーション行動の改善や修正であり、ロールプレイを通して状況に応じたストレス回避や認知、行動を学んで、より良い日常生活が送れるように訓練します。

背景の理論には、他人を観察し真似ることによっても、新しい行動を獲得できるモデリングがあります。

例えば、昔の職人の世界には「親方の背中を見て覚えろ」という言葉がありました。見よう見まねを続けることで、人は理解することができます。要は、上司が部下に仕事のやり方を見せてあげることで学習し、スキルの習得がしやすくなるということです。

統合失調症の方にとって、職業生活の中で難易度が高く避けることができないものは、このＳＳＴでロールプレイやモデリングから学習するのをお勧めします。

先ほどの「自分から積極的に上司に相談してみる」も、ＳＳＴで練習しながら、徐々に積極的な問題解決スキルを獲得することが可能です。

社会生活技能訓練（ＳＳＴ）の流れ

訓練というと堅苦しいイメージを持つかと思いますが、実際は和気あいあいとした雰囲気のなかで行います。また5～10人程度グループで行う場合、1セッション60分が目安となります。細かいことは書きませんが、ＳＳＴの流れは以下の通りです。

①問題となっている場面と役の設定
②普段通りの対応でのロールプレイ
③正のフィードバック
④改善点を考える

⑤見本のロールプレイ（モデリング）
⑥モデリングを踏まえて、もう一度ロールプレイ
⑦次回までの宿題を設定する

このように、ロールプレイ→フィードバック→モデリング→ロールプレイ→実践という順で学習していきます。

統合失調症の多くの方は、自分の思いを表現するのが苦手で対人関係に不安を抱えています。

ロールプレイを通して、周りの人は、正のフィードバックで良かったところを承認し自信につなげていくのがポイントです。

やってみて、周りから「大丈夫！」「良いね！」と言われると、自信になり、本番でおどおどする感覚が少なくなり、難易度が下がってくるでしょう。

一方で、職場内でこのようなグループ活動はなかなかできません。ＳＳＴは、上司と当事者の二人で行うこともできます。またロールプレイ自体も人前でやることに抵抗を感じる方がいる場合は、一人ロールプレイもできます。

今の時代であればZOOMの録画機能やスマホのビデオを使って、一人でロールプレイをし、セルフモニタリングする方法もあります。

解決のための相談

次は、コーピングスキルの2番目の「解決のための相談」のスキルを高める方法です。これは、「職場の人同士で話し合ったり、信頼できる人やその道に詳しい人に相談したりしながら問題を解決していく」コーピングスキルです。

今はインターネットで自分なりに調べることができるため、誰にも相談せずにさまざまな問題が解決できるようになりました。私自身も分からなくなったら真っ先にネットで調べます。

この技術によって、煩わしいコミュニケーションを避けられるという点では非常に便利になりましたが、実際は、誰かと相談できる関係があると、ネットで調べるよりも多くのメリットがあります。

ネットは調べておしまいですが、相談できる相手がいれば、実際に協力してくれたり、必要な人に繋いでくれたり、問題解決をするに当たって、成果が得られやすくなります。

また、その根拠やそれにまつわる経験談や技術も得られ、他の仕事にも応用が可能になります。

もう一つ相談する利点を考える上で、次のことを想像してみてもらえますか。

あなたが職場の人に相談されて頼りにされたとしましょう。

どのような気持ちになるでしょうか。

多くの方が、頼りにされて嬉しいと思ったり、相談してくれた人に貢献したい気持ちが芽生えたりするのではないでしょうか。相談することで良好な関係性を作るきっかけになるのです。

すなわち、**相談できる仲間が職場にいれば、互いに貢献しあえるシナジー効果が生まれ、パフォーマンスとモチベーションが高まり、活気のある職場環境を作ることが可能になる**といえます。

この利点は、ネット内では手に入れることができません。

社会人にとって「解決するための相談」ができるスキルを身につけるのは大切であると言えます。

相談できない理由を探る

一方で、当事者には、その相談を苦手とされている方が多くいます。失敗経験から生じた自信のなさから、他人から拒絶されることへの恐怖心が生じて、対話の場面で強い緊張感を抱えたり、また考えをまとめる過程で混乱したりすることがあります。

結果的に、解決のための相談のスキルがうまく使えずに、職務遂行が円滑に行かなくなる場合があります。

では、当事者の方が解決のための相談のスキルを使えるようになるためには、どのような合理的配慮が必要でしょうか。

まずは当事者が相談できない理由を事例とともに挙げていきます。

1. 相談内容がまとまらない加藤さん（仮名）

困りごとをうまく整理できず、相談を諦めてしまっていました。

考えがまとめられないため、「困っても黙っている」と諦めて我慢して過ごすことをし、注意を何度も受けていました。

２．取捨選択できない吉田さん（仮名）

職場に相談できる人が複数いて、それぞれ意見が異なり、困ってしまっていた方です。「あの人はこう言ったのに、この人はこうだった」「じゃあどうすればいいのか」と取捨選択ができずにいました。

３．何でも相談してしまう山田さん（仮名）

何でもかんでも相談してしまう方です。

医者に相談するように、上司に何でも困りごとを相談していました。医者への相談は治療のためですが、職場では職務遂行するための相談でなければいけません。それを取り違えていました。

４．自信が持てない中村さん（仮名）

相手に迷惑じゃないかと必要以上に思い込んで声がかけられない方です。

自信が持てずに、「忙しいし、どのタイミングで声を掛ければ良いかわからない」と問題解決を後回しにされていました。

5．評価を気にする小林さん（仮名）

相談することが自分の評価を下げてしまうと思い込んでいました。「こんな簡単なことができないのは馬鹿だと思われるのではないか」と思い、困っても黙って、周囲に対して「できる自分」を演じていました。

相談ができないと言っても、それぞれに違いがあります。その人にあった相談方法を考えていきます。1．加藤さんと2．吉田さんは、認知機能障害によって物事を整理することが苦手になっていました。そこで問題解決技法や日報を活用しながら整理したり、相談者を一人にして混乱したりしないように工夫しています。

3．山田さんは、基本的な仕事上のルールが身についていませんでしたので、社会技能訓練（SST）で練習しながらルールを身につけていきました。

4．中村さんと5．小林さんは、自分も他人も「良くない」という見え方から、「アサーティブコミュニケーション」ができていない状態でした。

アサーティブとは、「自己主張すること」という意味です。ただし、ここでいう自己主張とは、自分の主張を一方的に述べることではなく、相手を尊重しながら適切な方法で自己表現を行うことを指します。つまり「アサーティブコミュニケーション」とは、「お互いを尊重しながら意見を交わすコミュニケーション」のことです。

ここで、コミュニケーションを４種類に分けてみます。

①「**自分もＯＫ、相手もＯＫ**」

この状態でのコミュニケーションがアサーティブコミュニケーションです。これは、オープンで穏やかな印象を与え、ポジティブ表現が多くなります。対話では、適切で矛盾のない結論が出ると言われています。

②「**自分はＮＧ、相手はＯＫ**」

この状態の会話は、不安げで緊張し、相手に閉鎖的な印象を与えます。意味もなく「すみません」と謝ったり、曖昧な表現が多くなったりします。また、相手の反応を窺い、自分で意思決定が難しくなる傾向があります。

③「**自分はＯＫ、相手がＮＧ**」

これは、相手に攻撃的な印象を与えます。相手を言い負かして、人の意見を聞かない会話が多くなります。「自分にはできて相手はできない」と、上から目線での表現が多くなり、批判的で競争的で自分なりの結論で推し進めていく傾向があります。

④「自分もNG、相手もNG」

この会話は、皮肉な印象を与えます。堂々と相手に思ったことを言えずに陰で悪口を言うなどの会話が多くなり、受け身の姿勢から遠回しに表現する傾向があります。

ここで推奨している①アサーティブコミュニケーションでも、意見が対立することがあるかもしれず、全てを解決する訳ではありません。

しかし職場に対してOKと感謝し、相手の意見をOKと承認でき、自分の意見をOKと価値があるというスタンスで会話ができると、関係は悪くならず、互いに尊重できる関係を築ける確率は高まります。

先ほどの中村さんや小林さんは、自分はNG↓「自分はうまく他人と話せない」、そして、相手はNG↓「他人はバカにする」という意味をつけていたため、職業生活の対人場面で強い緊張感や不安が生まれ、解決のための相談ができませんでした。

アサーティブコミュニケーションが苦手な佐々木さん（仮名）の事例でご説明します。佐々木さんは障害福祉サービス事業所にいる時は、友達がたくさんいて、おしゃべり好きな方でした。

しかし、就職した途端に、職場の人と誰とも話さず、目線を合わせられずにオドオドされていました。そして、就職して3ヶ月過ぎた頃に佐々木さんから「職場の人に嫌われていると思う」「仕事を辞めたい」と連絡がありました。深く話を聞くと佐々木さんには「知らないグループに入るのは危険」というNGメガネがあることが分かりました。

佐々木さんが小学校1年生の時に、クラスには別の幼稚園から来た同級生のグループがいて、その子たちの仲間になりたいと思い、放課後に公園で遊ぶ約束をしたそうです。

しかし、いざ行ってみるとそこには誰もいませんでした。一人で公園にポツンと佇み、孤独を感じた時に、「自分は知らないグループに入れてもらえない」という固定概念が生まれたと話されていました。以降、それを事実のように感じていたそうです。

佐々木さんは、「知らない集団に自分は受け入れてもらえない→自分はNG」、そして「他人は自分を受け入れない→他人はNG」というNGメガネをつけてしまっていたのです。

誰もがこのようなNGメガネを持っています。

しかし、統合失調症の方は、調子が悪い時は現実と自身の考えとの区別が難しくなります。そこで、調子が良い時にクライシスプランを通して、NGメガネがどの場面で出るのか、どんな特徴かを確認しておくことが良いでしょう。そうすることでストレスへの対処が可能になります。

皆さんにもイメージしてもらえるよう、どの場面、どのような人に、NGメガネをつけて見ているかを考えてみてください。また、ストレスに感じる人や状況を思い出してください。

・親しみがない人や嫌いな人はだれですか。
・居心地が悪く、気疲れする場所はどこですか。

以前パラダイムの話で、私たちの現実は、過去の記憶を通して世界を見ていると伝えました。

過去に作られたNGメガネを通して、物事を見ているのです。次の発想の転換で、その対処方法を記していきます。

発想の転換

次は、コーピングスキルの発想の転換について述べていきます。問題となっていることを、プラスの価値を見出す価値の切り上げをしたり、変えられないものは仕方がないと割り切る価値の切り下げをしたりと、視点・発想・価値を変えた見方をする方法です。

つまりストレスがある問題に対して、「なんとかなるだろう」と希望を持ち、その出来事の良い側面に目を向けたり、自分に良い経験と思うようにしたりすることです。

実際、職業生活の質（ＱＷＬ）の結果においても、「困ったことがあってもきっとなんとかなると思う」という楽観性の項目と抑うつ感に負の相関が示されました。

つまり、ストレス場面でもネガティブな側面ばかりを見るのではなく、ポジティブな側面を意図的に見ていくスキルを獲得することが、職業生活の質を高める上で重要になります。そこでそのヒントになる認知行動療法を簡単にご紹介します。

認知行動療法とは何か。「認知」とは、現実の受け取り方や、ものの見方を言います。その「認知」に働きかけて、ストレスを軽くしていく治療法を「認知行動療法」と言います。また何かがあった時に瞬間的に勝手に浮かぶ認知のことを「自動思考」と言います。「自動思考」によって、いろいろな気持ちが動いたり、行動が起こります。

まずはこの「自動思考」に気づいて、それに働きかけていく方法です。

「自動思考」を理解するためには、目を瞑って１分間何も考えず、頭を真っ白にしてみてください。やってみると分かると思いますが、頭を真っ白にした状態を維持するということはできません。何かしら考えがよぎると思います。「1分は長いな」「何も考えないようにしないと」など浮かんでくるのが自動思考です。

認知行動療法は多数の専門的書籍がありますので、簡単に「コラム法」だけご紹介します。五つの段階で気持ちを整理し、書き出すことで発想の転換を図っていく方法です。

①ストレスを感じる出来事

↓出来事をなるべく事実のみ書くようにしましょう。

②出来事への自動思考

↓その出来事が起こった時に感じたことをそのまま書きましょう。

③感情の点数化

↓その時の感情と、どのくらいの強さかを100点中何点か書きましょう。(感情の例：

悲しみ、不安、焦り、怒り、憎しみ、イライラ、恥など）

④適応的思考

↓自動思考以外にも別の考え方がないかを書いていきましょう。

⑤感情の再点数

↓適応的思考をした後に感情に再度点数をつけましょう。

157ページでご紹介した、相談すると馬鹿にされると思い込んでいた小林さんのケースで考えてみましょう。

①ストレスを感じる出来事

↓仕事上相談しないといけない問題があるが、相談できずにいる。

②出来事への自動思考

↓こんな簡単なことができないのでは馬鹿にされるのではないか。

③感情の点数化

↓不安・もやもや70点。相談できずに、寝る前にもやもやした考えが浮かんできて、苦しんでいる。

④適応的思考

↓問題をそのままにしておくほうが気持ちが休まらない。相談しないと周りに迷惑がかかる。まだ何も起きていない。上司から何か言われたら、そこから考えていくしかない。

⑤感情の再点数

↓不安・もやもや50点

このように整理していきました。

簡単に整理できるコラム法は、自分のその時の感情だけに目を向ける自動思考から距離を置いて考えられるツールになります。この取り組みを通して、感情を落ち着かせ多角的に物事を見られるようになり、同じ出来事があっても冷静に判断ができるようになる効果があります。

気分転換のスキルを磨く

気分転換とは、不安やイライラなど自分の嫌な感情を鎮めるために、何か違うことをすることを指します。趣味で気を紛らわせたり、外出や運動などの活動をしたりして気分転換を図るスキルになります。

気分転換にはさまざまな方法がありますが、日常に非日常を取り入れることも大切です。ストレスが溜まると、イライラやうつうつした感情が生じて、何もうまくいっていない気持ちに陥ることがあります。一方で気分転換を図ることによって、すごく大きな問題だと感じていたことが、大した問題ではないと思えたり、違う角度から考えられたりするようになります。

例えば、海辺から満点の星空を眺めてみたらどうでしょうか。山頂から広い地球を見渡してみたらどうでしょうか。大きな自然を感じられたら、自分の悩みもちっぽけに思えたりすることもあります。

そのように、違う角度から物事を見る機会があることによって、気持ちが楽になります。時々非日常を味わえる機会があれば、視野が広がっていくことはあるでしょう。

余暇の過ごし方――誰と何をする？

余暇で何をして過ごすのかも大切ですが、誰と一緒に過ごすかも重要です。職業生活の質（QWL）の研究において、「余暇を誰と過ごすか」という質問に対して、41％の方が一人で過ごすと答えられていました。

これは東京都の精神障害者の余暇に関する調査でも同様の結果が示されていて、4割近くが余暇活動をしていませんでした。すなわち当事者の多くの方が、何もせずに一人で過ごしていることがわかります。

一人で過ごすことはゆっくり体を休める機会になるので一見問題ないように見えます。しかしながら、職業生活の質（QWL）の研究によると**「一人で過ごす人」は「仕事を続けたい意思」との間に負の相関がある**ことが示されました。

つまり、休日に一人で過ごしている人の多くが、仕事を辞めたいと感じているのです。このように余暇は、何をするかだけではなく、誰と過ごすかも重要であり、一人だけでは気分転換を図るには限界があるのでしょう。当事者の多くが、病気後に社会と疎遠になり、人との関係を失うこともあります。

ある研究では、余暇活動への参加には「きっかけづくり」や「人を結びつけるサポート」

が重要であることが示されています。

ちなみに、職業生活の質（QWL）の研究では、仕事関連の人と余暇を過ごす群は、実に0％という結果が示され、障害者雇用において職場内で新たな友人関係を作るのは難しいことが示唆されました。

ここは雇用側の企業がサポートすることではないかもしれませんが、可能であれば、福祉関係者と連携してピア（同じ障害の仲間）の活動を支援するのも良いかもしれません。またアフター5で社内の食事会に誘い、交流を深める機会を作ることで、余暇生活の充実が図れる可能性があります。

実際、ある当事者の方は「職場での懇親会に誘われたり、社員旅行に行けたりしたことで、社員との関係が近づき、職場に愛着を持って働けています」と話されていました。このように社内行事に誘うことでも、職業生活の質を高めることが可能になります。

スポーツとメンタルヘルスとの関係

気分転換の一つに運動があります。職業生活の質（QWL）の研究において、運動をしている人は、しない人に比べて抑うつ感が低い傾向がありました。

つまり、運動することはメンタルヘルスに良い影響を与え、安定した職業生活を送るための力になります。

他の研究を見ても、運動と抑うつ感の間には負の相関を示す研究が多数報告されています。研究者のフォルクナー氏は、統合失調症の方に対してのスポーツの心理的影響は、統合失調症の陰性症状の緩和や、陽性症状の対処としても効果があると述べています。

研究者のペルハム氏らは、統合失調症の患者を対象に、有酸素運動と無酸素運動のグループに分けて、12週間の運動を実施しました。

その結果、有酸素運動のグループは、抑うつ感が減少しましたが、無酸素運動のグループは、抑うつ感の変化は見られなかったという報告がありました。筋トレよりもランニングやウォーキングなどの有酸素運動がメンタルヘルスに効果的なのかもしれません。

いずれにせよ、さまざまな研究から運動がメンタルヘルスに良い効果あると示されていて、日々のスポーツはストレス発散ができ、職業生活の質を高めていく要因になると言えるでしょう。

現在、メンタルヘルスの推進において、福利厚生でスポーツジムが利用できる企業も増えています。

　このような従業員への健康の維持増進に向けた取り組みは、当事者にとっても良い気分転換ができて、職業生活の質を高めることにつながるでしょう。

マインドフルネスのススメ

気分転換には運動や外出の他に、「マインドフルネス」というリラックス法があります。
これは医療現場のみならず、Googleなどの大企業でも実践され注目を集めており、厚生労働省ＨＰでもマインドフルネスの動画がアップされています。

〈厚生労働省　リラクセーションYOGA ―ポジシェア―こころの耳〉

私もこの動画を使いながら、睡眠をとるようにしていますが、以前よりも深く眠ることができるようになりました。お勧めです。

マインドフルネスとは、「今、この瞬間の体験に意図的に意識を向け、評価をせずに、とらわれのない状態で、ただ観ること」と定義づけられます。

つまり、いろいろと浮かんでくる思考、感情、感覚を「イライラしているな」と眺めたり、「仕事に不安を感じている自分がいるな」と思考に気付いたり、「体が緊張しているな」と肉体を感じたり、感覚を消すのではなく、あるがままに知覚することです。

その効果を調べると、「ストレスの軽減」「慢性的な健康問題の改善」「記憶力を向上」「意思決定能力の向上」、さらにご飯を食べる時に五感を使えば「減量や健康的な生活に役立つ」という結果もありました。

仕事でいろいろと考えることが多い人は、頭の中が騒がしく、時には反芻という嫌なことを何度も思い出したりする思考状態に陥ります。

その結果、気分が落ち込み思考がネガティブな方向に進み、本来は自分の頭の中だけにしかないはずのネガティブな考えを事実として捉えてしまうマインドレスネスに陥ってしまいます。

マインドレスネスとは「心ここにあらず」で、「自分の思考や感情に呑み込まれている」状態で、思考と現実を混同してしまいます。

例えば、何も起きていないことに対して、頭の中で「○○さんのあの言い方は馬鹿にしているのでは」とイライラしたり、「○○さんは自分を嫌っているのでは」とモヤモヤしたり、「自分だけが損しているのでは」とざわざわしたりと、自動思考する状態です。

マインドフルネスは心に浮かんだ感情や思考に対して抗わずに知覚して、それに囚われない状態へと思考と現実を区別していきます。心のメンテナンスも兼ねた手軽な気分転換法になります。

統合失調症に対しての研究では、マインドフルネスは抑うつ気分や不安感を改善するという報告があります。

幻聴や妄想自体がなくなるわけではありませんが、これを活用することで幻聴や妄想に巻き込まれることが少なくなることが示されているのです。

しかし一方で調子を崩す事例も報告されていますので、様子を見ながら進めていくのが良いでしょう。ただ、私が行っている事業所でマインドフルネスを取り入れて活動をしていますが、特に問題になったことはありません。

今後、多くの企業でもこれを取り入れることで、当事者の職業生活の質を高めるとともに、従業員の心身の健康の向上も図れるのではないでしょうか。

第6章

レジリエンスとQWLの関係

ストレスの器＝レジリエンス

これまで「ストレス脆弱性モデル」における「ストレスの量」「適度なストレス」「ストレス反応」「ストレスの蛇口」について話してきました。

最後に「ストレスの器」の部分についてお伝えします。

職業生活には、思いがけないようなストレスはつきものです。

人は、そのストレスを柔軟に受け止めつつ、自身のエネルギーに変えながら成長していくことが必要になります。一方で統合失調症の方の多くがストレスに対して脆弱であり、ストレスが高い職場では症状の悪化や再発する恐れがあります。

そこで、ストレスを柔軟に受け止めていけるためのストレスの器を広げていくことが重要になります。

この器を「レジリエンス」と言いますが、心理学者の小玉正博氏はこれを以下のように定義づけています。「困難あるいは脅威的な状況に陥ってしまった時に、それを克服する力」、また「困難な状況であるにもかかわらず、良好な結果をもたらす力」。

すなわち、レジリエンスは「へこんでも折れない心」であり、「逆境から立ち直る回復力」のことを指します。

レジリエンスを高めることで、ネガティブな心理状態に陥ったり、心の傷を受けたりしても、ストレス反応を軽減させて、回復し成長し、職場で自分の力を発揮できると言われています。

ではレジリエンスとはどのようなものでしょうか。

現在レジリエンスを測る心理尺度は多数ありま

すが、職業生活の質（QWL）の研究では、グロッドバーグ氏のレジリエンスチェックリスト（RC）の尺度を用いました。

アイデンティティの確立がストレス耐性を上げる

このRCは発達心理学者であるエンク・H・エリクソンのライフステージ論を土台に作成されたものになります。では、エリクソンはどのような人物かを簡単に説明します。

エリクソンは、1902年のドイツで生まれました。20歳で芸術学校を中退し、芸術家を目指し放浪するモラトリアム生活を送り、25歳の時に友人の紹介で精神科医フロイトの娘であるアンナ・フロイトの弟子になり精神分析を学びました。

その後、31歳の時にアメリカに移住して、心理士や大学教授として活躍し、アイデンティティという概念を作った人物です。

アイデンティティとは、自分が自分であること、そしてそうした自分が、他者や社会から認められているという感覚のことです。

この背景にはエリクソンがユダヤ人であることや実父を知らないことで、自分は何者であるのかを悩んだ思春期、移住した時に自分が何者でもなくなる危機を感じた青年期などのアイデンティティの危機の体験がありました。

そのような自身の体験によって、アイデンティティの概念を発明しました。

そして、アイデンティティの危機は青年期だけではなく、人生を通して何度も訪れると言います。

レジリエンスチェックリスト（ＲＣ）は、その理論のもとで作成された尺度になります。

レジリエンスの測り方

それを測定するグロッドバーグ氏のレジリエンスチェックリスト（ＲＣ）は以下の三つで構成されています。

①「I have（私は・・・を持っている）」
②「I am（私は・・・であること）」
③「I can（私は・・・ができる）」

「I have」は、レジリエンスを高めていくための周囲のサポート要因です。

例えば、「私には頼りになる両親がいる」など自分を支えてくれる人（ソーシャルサポート）を指します。

「I am」は、自信、自尊感情、責任などの個人の内的な要因です。例えば、「私は人に優しい」など自分を肯定する気持ちを指します。

「I can」は、対人関係や問題解決スキルなどの能力的な要因です。

例えば、「私は人と話ができる」など自分ができることを指します。

この三つは、下図のエリクソンのライフステージ論Ⅰ（乳児期）～Ⅴ（青年期）の部分から成り立っており、それぞれ次のように対応しています。

「I have」＝基本的信頼感

「I am」＝自律性、自我同一性

「I can」＝自主性、勤勉感

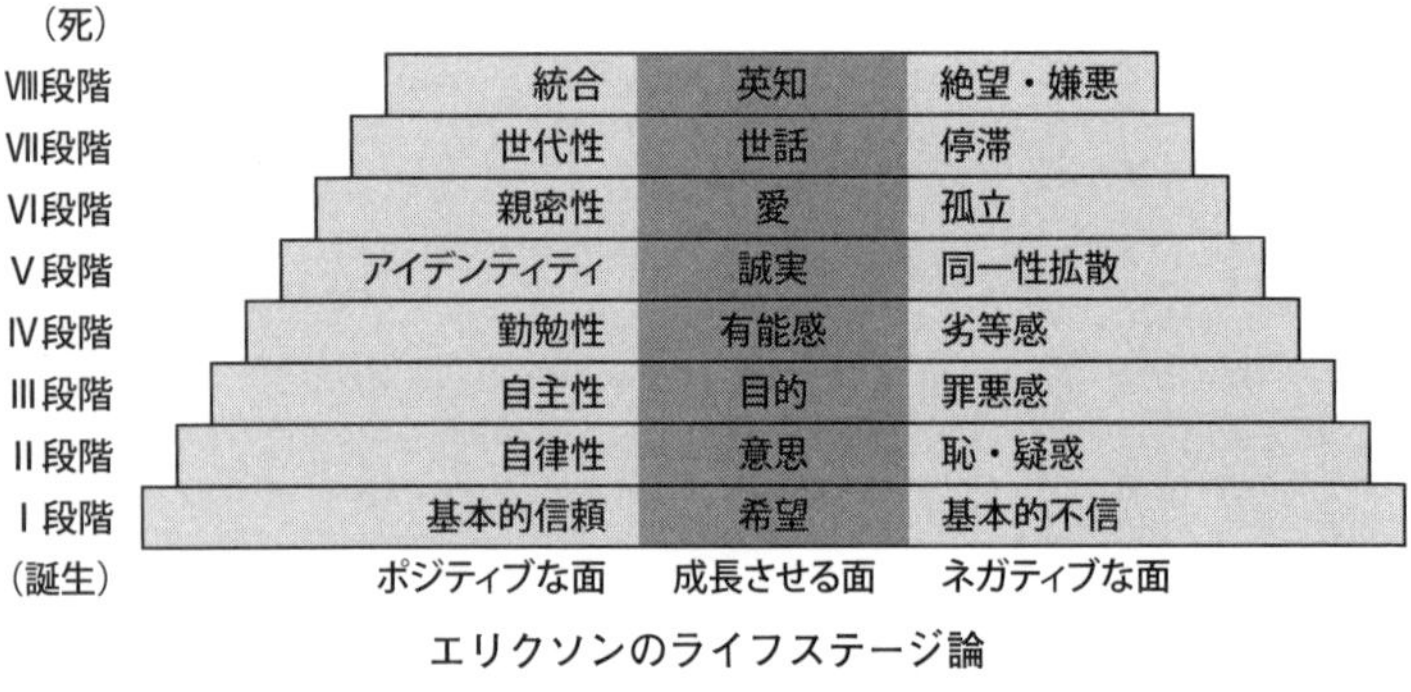

（死）
Ⅷ段階　統合　英知　絶望・嫌悪
Ⅶ段階　世代性　世話　停滞
Ⅵ段階　親密性　愛　孤立
Ⅴ段階　アイデンティティ　誠実　同一性拡散
Ⅳ段階　勤勉性　有能感　劣等感
Ⅲ段階　自主性　目的　罪悪感
Ⅱ段階　自律性　意思　恥・疑惑
Ⅰ段階　基本的信頼　希望　基本的不信
（誕生）
ポジティブな面　成長させる面　ネガティブな面

エリクソンのライフステージ論

エリクソンのライスステージ論をⅠ～Ⅴまでざっくり説明します。

Ⅰ段階の基本的信頼感とは、その言葉の通り人を信頼できることです。信頼は人が生きていく基盤です。信頼できると、希望が得られると言います。明るい未来が描けることで、自分で行動する主体性が生まれていきます。

Ⅱ段階の自律性とは、自分の行動をコントロールすることです。信頼感があれば、次は自分で探索的な行動したいという意思が生まれます。そして「私は私のままでよい」と肯定する気持ちも育まれます。

Ⅲ段階の自主性とは、行動する積極性が育まれると、何かをする時に目的意識を持てるようになります。○○に向けてやってみようという目的が作れるようになります。

Ⅳ段階の勤勉性とは、仲間やグループ行動から成功する体験をし、自分が「できる！」と有能感を感じて、自尊心が育まれます。

Ⅴ段階の同一性とは、「自分がどんな人で、何者であるのか」と思い悩み、自分の「アイデンティティ」を探し始める中で確立していきます。

この時期は、進路や結婚などのライフステージが多く、自分の人生を選択する機会が増える時期でもあるため、気持ちが行ったり来たりするモラトリアムの中で自分らしさを確立していく時期になります。

このライフステージ論を逆にネガティブな側面からお伝えするとより理解できるのではないでしょうか。

例えば、人を信頼できなければ、社会で生きるのは不安で、自由に行動できなくなるでしょう。そして、生きている目的も薄れ、何かできるとは思えません。自分の存在に意味はないと悩み、結果的に人生を選択できないまま、社会と関わらない生活を送るようになっていくでしょう。

実際にこのように感じている統合失調症の方も多くいます。当事者の田村さん（仮名）は、引きこもり時代だった頃を思い出してこう話してくれました。

「当時、人が自分を責めているようで、近所の人に会うのが嫌で外出するのも怖いと感じていました。そんな自分は生きている意味はないと。ただ、死ぬのは怖いので、とりあえず社会と関わらずに家で生活を送っていました」

この状態では、当然レジリエンスは低く、少しのストレスで再発することもあるでしょう。では、より良い職業生活を送るためにレジリエンスを高めるにはどのような工夫が必要でしょうか。

私は持っている

「I have」は「私は・・・を持っている」というサポート要因で、エリクソンのライフステージ論でいうIの「基本的信頼」に該当します。例えば、「無条件で愛してくれて信頼できる家族がいる」「私には私のためを思って注意をしてくれる人がいる」「私は必要な時にサポートが得られる環境がある」などの環境要因になります。

レジリエンスは、個人の資質と考えられがちですが、他者との関わりによっても影響を受けます。

もちろん先天的・身体的にレジリエンスの高さ・低さはそれぞれあります。特に統合失調症の方は、ストレスに弱いと言われていますので、低いレジリエンスであることが多いでしょう。

しかし、先天性や身体的なことで決まってしまっているのであれば、それは諦めて受け入れるしかありませんが、このレジリエンスの高さ・低さに関しては、個人の要因だけで全て決定されるものではありません。

ある教師を対象にした研究を例にします。

仕事にしっかりとコミットし、有能であって、レジリエンスが高かった教師にはどのような要因があるのかという調査がありました。

レジリエンスが高い教師は、子供たちの可能性を信じ教育していたり、地域の方々とつながって貢献していると感じられたりしていた人が、レジリエンスと正の相関があったといいます。

つまり、レジリエンスとは、その個人の気質だけではなく、属するコミュニティからも大きく影響を受けているのです。

皆さんも仕事をしていてストレスフルな状況に陥ったことを思い出してください。そのような時に、いつでもサポートしてくれる家族がいたり、自分を慕って頼ってくれる仲間がいたり、努力を認めてもらえる上司がいたりすれば、たとえ心身が大変な状況であったとしても、乗り切ることができるのではないでしょうか。

多くの統合失調症の研究において、家族のネガティブな感情表出が高いと、低い人に比べて、再発率が高くなるというエビデンスがあります。つまり、家族との良好な関係がレジリエンスを高めると言えるでしょう。

では職業生活の質（QWL）に関する研究ではどうでしょうか。先行研究と同じように「無条件の愛がある家族がいる」と感じている当事者の多くが、いない人に比べて、抑うつ感が低いことが示されました。

要は、家族とより良い関係を築いている方の多くが、安定して職業生活を送れているということです。

職業生活で一見関連がなさそうな家族関係が、働く上で大きな影響を与えています。ただ「愛してくれる家族がいた」としても、もちろん職業生活において、それが全てではありません。

職業生活の質（ＱＷＬ）の研究では、家族との良い関係は抑うつ感を減らす力になりましたが、内発的動機づけを高める力にはならないことが示されました。つまり、家族の愛は気分の落ち込みを減らしてくれる力になりますが、一方で仕事へのやる気や活力を与えてくれる力にはならないということです。

内発的動機づけが高まる「I have」

統合失調症の治療ターゲットとして内発的動機づけが大切であることを話しました。では「I have（何を持っている）」と内発的動機づけが高まるのかを示していきます。

職業生活の質（ＱＷＬ）の研究では、「心強い仲間がいる（ピアサポート）」「身近にお手本になる人がいる（ロールモデル）」が内発的動機づけを高めることが示されました。

つまり、職業生活の中で、一緒に働く心強い同僚がいることや、お手本になる先輩や上司の存在が、当事者のやる気に影響を与えてくれます。

みなさんも想像してもらえれば理解できると思いますが、たとえストレスフルな状況であったとしても、心強い仲間がいれば頑張ろうと思えたり、またお手本になれる先輩や上司がいれば、この人のようになりたいと思って、努力しながら前向きに仕事をすることができるのではないでしょうか。

実際に当事者の田中さん（仮名）は、「上司は憧れで、このような人になりたい」と話し、やる気を持って仕事をされていました。職場にお手本になるロールモデルがいることで、働きがいを持って仕事を行うことができています。

また同じく当事者の田森さん（仮名）は「同じ障害を持った仲間と一緒に仕事ができていて、その人が頑張っているから自分も頑張ろうと思っている」とピアサポートがあることで仕事への動機付けが高まっていることを話してくれました。

個人的側面として捉えがちなやる気、そしてレジリエンスも、実は環境的側面が大きく関係していて、人との関わりの中で高めることができます。

このデータをヒントに企業の合理的配慮では、ペア就労という障害者を複数人雇用する仕組みを作ったり、経験を積んだ当事者の昇格をさせてロールモデルとして活躍できるメンター制度の仕組みを作ったりするのも良いでしょう。

一方で、側から見れば、色んな人から愛されているし、サポートしてくれる人もいて、「I have」がたくさんあるように見えても、本人は「誰にも愛されていない」「誰も助けてくれない」と思い込み、持っている大切な財産に気づけていない方がいます。「ない」ところの負債ばかり見て、「ある」ところの財産は見ない、というNGメガネをつけた生き方をしていることもあります。

もちろんこのように人を信頼できない生き方であれば、レジリエンスは低くなりますし、職業生活の質も下がり、苦しい生き方になっていきます。

特に被害的思考に陥りがちな当事者の方は、持っていない負債に目が行きやすいため、持っている財産に気づけるようなサポートが必要になってきます。

以前話した認知行動療法を通して、マインドを変えていく支援も良いと思いますが、もう一つ心理学者のアドラーの目的論がありますので、それを通してお伝えします。

負債ばかり見る人は、どうしてそのような考えに陥ってしまうのでしょうか。

アドラーは、「それに目的があるからだ」と言います。要するに、愛してくれる人がいないことや、サポートしてくれる人もいないと思い込んでいるほうが、メリットが得られるからということです。

例えば、「親の離婚がトラウマになって恋愛することができない」と過去に原因を考えるのが原因論であり、その反対のアドラーの目的論で考えると「恋愛して傷つかなくて済む」という隠されたメリットがあって、その目的を達成するために行動しているということになります。

つまり、自分にメリットがあって、その目的のためにパラダイム（認知の枠組み）を作り出しているのです。同じような境遇の方は、「いやそんなことはない」と思うかもしれませんが、よくよく考えてみると何か思い当たる節があるのではないでしょうか。

今までネガティブにとらえていたことが、実は自分にとってメリットがあるためにそう行動していたという視点にはなかなか気づくことはできませんし、認めたくない気持ちにもなります。

では、そのような当事者をサポートするためには、どうすれば良いでしょうか。方法としてまずそう思い込んでいることのデメリットから考えられると、自分が思っている目的が、本当にしたいことかどうかという選択が生まれ、その本質に気づくことができるようになります。

先の例の「恋愛しないこと」のデメリットを考えた時、何も行動しなければ成果を得ることはできません。そして、周りは寂しい思いや残念な思いをし、人が離れていくこともあるでしょう。

そのようなデメリットを知ることができれば、本当に目指したい目的に向けて、選択ができるようになります。

これは特に統合失調症の方に限らない話で、決して特別な話ではありません。実際、嫌いな人、苦手な人、避けたい人などを思い浮かべてみれば、同様の気づきがあります。

相手が絶対に悪いと思っている人でも、何か自分にとってメリットが隠されているからそう思っているということはないでしょうか。

そこで、**合理的配慮としては、一緒にI haveのあることの資産をあげていくことや、い**

つもの行動のデメリットを挙げていき、自身が選択できるようにサポートすることをお勧めします。

親はどのように関われば良いのか

「I have（私は…持っている）」の要因で「家族の無条件の愛がある」ことがレジリエンスを高めるとお伝えしましたが、もう少し補足をします。

まず「信用」と「信頼」という言葉の区別についてお伝えします。

信用とは「条件付きで信じる」ことで、信頼は「無条件で信じる」ことを意味します。

例えば「仕事に行けたから素晴らしい」というように「○○ができたから」という条件つきで信じる場合が「信用」になります。

信用することも本人を信じることには変わりありませんが、「あなたを認めるためには、なんらかの条件をクリアしないとだめ」という意味が暗に隠されています。

当事者は、そのような条件を突きつけられると、「条件をクリアできなければ認めてもらえない」と結果を怖がり、挑戦を回避するような生き方になってしまうでしょう。

そこで、まず親が子供を無条件で信じる「信頼」こそが大切になります。これは、「無条件の愛」とも言い換えられます。

一番近くにいる親が無条件の愛を持って関わることで、本人は「この世界は、そして自分は、生きるに値するのだ」と確認できます。

統合失調症の症状が強い時は、何もできない状況に陥ります。

それでも「自分を親は肯定してくれている」という中で、「ありのままの自分が受け入れられている」「何の生産性もなくとも、ありのままの自分にすでに価値がある」という感覚が芽生えてくるでしょう。その基本的信頼の感覚が人生をしっかり歩んでいく上で重要な基盤になります。

もちろん親も今までのうまくいかなかった過去の記憶から、「またうまくいかないのではないか」と信じられないことも多く、何かと条件付きの話をしてしまうこともあるでしょう。闘病生活を支えて色々と苦労してきた親だからこそ、簡単に信じることは難しいかもしれません。

しかし「信じられない」という感覚を持っていることにも、アドラーの目的論でいうと親自身の隠されたメリットがある可能性もあります。

その場合は、信じないことのデメリットは何かを考えてみると、本来の目的を新たに発見できるかもしれません。

心理学者のボウルビィ氏は、セキュアベースという安全地帯があることによって探索的行動ができると言いました。つまり、何があっても戻れる安全な場所があれば、チャレンジする行動が生まれて、試行錯誤できるようになっていき、WRAPでいう「希望」が芽生えていくでしょう。

レジリエンスを高める「I am」

次にI amの「私は○○である」について示していきます。amというbe動詞は「……である。……がある」と訳され、ある存在を示す言葉になります。

つまり、I amは「自分は何者であるか」という自己同一性を表します。

ちなみに「あなたは何者ですか」と問われて、すぐに答えることができますか？　もちろん所属、出身地、職業などの属性は簡単に答えられるかもしれません。

しかし、自分は「何者であるか」という存在について、明確に答えられる人はなかなかいないのではないでしょうか。

実際、「自分が何者であるか」を知る必要もないと感じる人もいるかもしれません。そこで、なぜI amがレジリエンスに重要であるのかを伝えていきたいと思います。

皆さん、「自分って何か」「何者であるのか」と考えたことはありますか？

哲学者の鷲田清一氏は、「この問いは、何かの人生の危機的な状況に陥った時に、途端に「自分とは何か」と考えるようになる」と言っています。

例えば、学生の就活時には「これは本当に自分がしたい仕事なのか？」

仕事で大失敗すれば「この仕事を私がすることに何か意味があるのか？」

愛する人を失ったら「いったい何のために自分はここにいるのか？」

定年を迎えて自分のもとを訪れる人がぐっと減って、実は会社の看板の力だったのだと思い知らされた時には「あくせくするばかりで、いったい何が残ったのか、何もモノにならなかった……」。

そして、年をとり体が動かなくなった時は「人に何もしてあげられず、ただしてもらうばかり、そんな自分がここにいることにまだ意味があるのか……」。

このように、どんな人にもどんな年代でも自分らしさに疑問を感じる危機は訪れます。

人は「役割」という服がなくなれば、裸となり「自分の存在とは何か」に直面せざるをえない状態に陥ります。

これをアイデンティティの危機＝アイデンティティクライシスと言います。人は役割を失った時に、自分が何者であるかという存在意義の疑問を生じさせるのです。

このように自分の存在に意味を見出せない状況においては、レジリエンスは低くなるでしょう。

「私は何者であるか」というI amが、レジリエンスを高めるのに重要であることが理解できたのではないでしょうか。

では、統合失調症のI amからリカバリーについて考えていきたいと思います。

自分らしさを再構築するリカバリー

では、I amの「自分は何者であるか」とは何かについて考えます。

一般的には、「自分は〇〇である」とは、過去の経験や周りの評価を踏まえた上で、自身で意味をつけていきます。

例えば……

①友達から優しいと言われた。だから、自分は優しいと思った。

②家族から面白いと言われた。だから、自分は面白いと思った。
③成績が良かった。だから、自分は頭がいいと思った。

では、統合失調症の方はどのように自身に意味をつけているでしょうか。

統合失調症の方は認知能力等を失いつつ、それに加えて、さまざまな喪失体験をされています。

例えば病気によって、「仕事を辞めることになった。だから、社会は自分を必要としていない」「友人が去ってしまった。だから、世間から自分は嫌われている」「家族から見放されてしまった。だから、人に自分は愛される存在ではない」。

そして、「いったい何のために自分はここにいるのか……」「迷惑かけるばかりで、何もできない自分が、まだ生きていていいのだろうか……」というストーリーが生まれて、アイデンティティの危機に陥ることもあります。

このような状態では、レジリエンスが低くなり、少しのストレスで調子を崩してしまうでしょう。

そこで、統合失調症のI amの「自分は何者である」を新たに構築するリカバリー、自己概念を再構築する支援が重要になります。

では、どうすれば良いでしょうか。

まずは前提として、「過去の経験や周りの評価が、すべて自分の意味とは繋がらない」ことを理解する必要があります。

先ほどの例で挙げると以下のように異なる意味をつけることができます。

①友達から優しいと言われた。だけど、それだけしか取り柄がないと思った。

②家族から面白いと言われた。だけど、馬鹿だと思われていると思った。

③成績が良かった。だけど、もっと上には上がいると思った。

人は、経験の一側面だけを捉えて「自分は○○である」と意味をつけがちです。このような意味は、本人にとって真実として考えがちですが、実際は自身の判断であり、自分で決めたものに過ぎません。

私自身も「人と関わるのが苦手だ」「周りに気を遣わせてしまう人だ」と意味付けることがありますが、実際は真実ではなく、一側面の経験にしかすぎません。

そこで、この理論的背景にある社会構成主義について、簡単に説明したいと思います。

社会構成主義とは、「社会のさまざまなことは人々の頭の中で作り上げられたもの、つまり認知というメガネがあって、そこを離れて社会は存在しない」とする立場を表します。心理学者のガーゲン氏は、これを「わたしたちが日常的に使っている言葉や感情は、所属しているコミュニティの文化そのものであって、コミュニティはお互いの対話の中で『意味』を作っていくのであり、『意味』とは話し手と聞き手の相互作用の結果である」と言います。

簡単に言うと、私たちが現実と感じていることは、あるコミュニティでの会話の合意によって作られているということです。そしてガーゲン氏は、それを「Words create world（言葉が世界を創る）」と表現しています。

この「Words create world」を、目が見えず耳が聞こえず言葉を話せなかったヘレン・ケラーが、言葉を習得できていなかった時と、習得できた後の感覚を比べて、自身の著書の「楽天主義」で次のように述べています。

「言葉を知るまでの私は暗黒と寂しい世界だけしか知らなかった。楽しい過去も期待する未来もなく、ただ時間が過ぎ去っていくだけだった。しかし、いったん私の手のひらから人の言葉が伝わって、僅かながらでも理解できるようになると、私の心は躍動した。人として生きることの喜びを感じた」

「言葉を知るまで、どんな観念も持ち合わせていなかった。私は文字どおり身体で考えていた。当時の私の記憶は触覚によるものだった。私は、獣のように食べ物と暖を求めていたのを覚えている。泣き叫んだことも覚えているが、その涙の原因となった悲しみはわからない。ただ言葉を知ることで、自然や善悪についての一般的な観念にも目覚めた。私は、虚無の世界から人間らしい生活へと、実際に救いあげられた」

このように彼女は、「Words create world（言葉が世界を創る）」の感覚を明らかにしています。

つまり「自分は何者であるか」も対話の中で作られていきます。

それは他者との対話もそうですが、自己対話（自分との対話）も含みます。

今まで積み上げた自分へのネガティブな意味づけを積みおろす作業をしながら、また新たな自分を再構築していく、アイデンティティのリカバリーに向けた対話が必要になるのです。

では、言葉が世界を作るのであれば、レジリエンスを高めるために、どのような対話をするがよいのでしょうか。

職業生活の質（QWL）の研究では、「将来の目標に向かってやる気を持って頑張る自分である」ことが、I amで最も内発的動機づけを高める要因として示されました。

要するに「私の夢は○○である」「それに向けて○○をやる」と希望があることを声にしていくことが、職業生活の質を高めていくことができます。

実際、WRAPでお伝えしたコープランド氏は、回復する上で「希望」が最も重要であることを明らかにしました。

一方で統合失調症の方の多くは、何度も失敗経験をしているために未来に希望が見えない状況に陥っています。

そこで、企業の合理的配慮では、対話しながら一緒に目標や希望を語りあえる関わりが重要であるでしょう。

言葉には、人を人として生きる力、人に過去と未来を作り出す力、希望を描き計画しそれを実現させてくれる力があります。それは対話によって徐々に築かれていきます。

希望を生み出す「未来語りのダイアローグ」

次に、現在、精神障害者支援で注目を浴びている「未来語りのダイアローグ」について述べていきたいと思います。ダイアローグとは「対話」を意味し、これは「希望」を探していく上で効果的な方法です。

統合失調症の多くの方は、過去にさまざまな失敗体験をしているため、未来に明るい希望を持って行動することに不安を感じています。

失敗経験をして苦手だと思っていることを一つ挙げてみてください。

失敗した過去があれば、未来に目標を作ったとしても、一歩前へ行動するのに不安や恐怖を抱きます。不安や恐怖がある中で、本来の力が発揮されずに成果も得ることはできないでしょう。

そこで、未来語りのダイアローグは過去から未来を作るのではなく、うまくいった近い未来から現在を見ていく対話の中で、希望を生み出していきます。

つまり、今から、**大変なことが待ち受けている未来を眺めて「しなくてはいけない」と感じさせるのではなく、大変なことをくぐりぬけた未来から今を眺めて「こんなことをしてきた」と思う中で、ワクワクする希望を描けるようにしていきます。**

未来語りのダイアローグの質問は以下のようにシンプルです。

Q1.「1年後、物事がすこぶる順調です。それは、あなたにとってどんな様子ですか？
そして、どんなことが嬉しいですか？」

Q2．あなたが何をしたから、その嬉しいことが起こったのでしょうか？　また、誰があなたを助けてくれましたか？　どのようにですか？」

Q3．「一年前、あなたは何を心配していましたか？　あなたの心配事を和らげたのは、何ですか？」

当事者の松本さん（仮名）と就職前に未来語りのダイアローグで以下のようなことを話しました。

A1．デザイナーとして、デザインの技術を使える印刷会社に就職し元気に働いています。家から近く、残業なしでいい上司がいて自分が素になっても大丈夫で、自分の個性が認められる環境で仕事ができています。

A2．障害福祉サービスを受けている期間は、今ある自分のデザイン技術を使って、その商品をPRしたりスキルを磨きました。メンタルヘルスを安定させるための方法を探りました。自分史を作って周りに自分を知ってもらいました。親や姉、福祉施設でこれからの職業生活に向けて、解決策を一緒に考えてもらえました。

A3．トラウマや過呼吸や疲れが心配でした。人間関係で気を遣いすぎて、疲れやすいと安定剤が必要な生活になっていました。そこで、絵を描くと気持ちが安定しました。また、姉が的確なアドバイスをくれて、私も素直に受け入れられました。

松本さんとはこのような未来を作る対話を行い、そして実際に1年後にその希望を本当に実現することができました。

では企業の合理的配慮ではどのような支援ができるでしょうか。

「1年後、未来はすこぶる順調です。それはどんな様子ですか」という未来の自分の様子を尋ねる質問は、簡単そうに聞こえますが、答える本人にとっては、不安と難しさを感じる質問になります。

ここでは、まずはアドバイスも提案もしない「じっくり聞く」というのが大切です。

不確実な未来について語ることは、勇気が要ります。実際に、「馬鹿にされたら、非現実的だと言われたらどうしよう」と不安や心配事も抱えている場合があります。

そのため、対話では安心した場を作って、互いに語り合いながら、希望を生み出していきます。その中で、未来に向けてどう行動するかの計画がイメージされて、「I am」（私は何者であるか」を生み出していくことができます。

このように、I am「私は○○である」は過去からの自分を表すと思いがちですが、決してそうではありません。未来を見つめる今からでも作り出せるということです。

不確定な未来は、誰もが言葉にするには不安があると思います。

そこで、職場では「明るい未来」を自由に言っても良いという雰囲気を作りながら、互いに対話できる場があることが大切だと考えます。

シンプルにするために「友人と外食にいく」という身近な例を挙げます。

友人に「どこに食べにいく?」と聞きと「どこでもいいよ」と言われ、あなたは「じゃあ、中華でも行こうか」と話すと、「いや、中華はちょっと……」と返されて、心の中で「どこでもいいと言ったのに……」というような経験はありませんか。

ここでの対話とは、改めて「中華じゃなくて、イタリアンとかはどう?」と聞き直します。

そこで「イタリアンもいいけど、フレンチもいいね。ただフレンチは高いからな」と言われたら、その言葉から想像しながら「じゃあ、洋食屋さんはどうかな」と返し、「そうそう、この前テレビでやっていたオムライスが食べたいかな」といった流れです。

このように対話を通して希望を形にしていきます。

希望は最初から明確にあるわけではありません。対話の中で徐々に形になっていきます。

役割が「I am」を育む

人は役割によって、性格が変化すると言われています。

以下のことをそれぞれ前者と後者で比較してください。

・学生の頃の自分と、社会人になった自分
・部活などで、ただの部員だった時と、役が就いた時の自分
・子供がいれば、子供がいなかった時の自分と、産まれた後の自分
・平社員であった頃の自分と、役職に就いた時の自分

役割があるかないかで、性格が変わったことはないでしょうか。

ある立場を持つことによって、人はそのあり方を作り出すことができます。

社会学者のボイス氏らの研究では、職を失って一定期間無職でいると、性格が変化するという結果が報告されています。

男性は無職期間が続くと勤勉性が一貫して低下していき、女性は社交性がなくなっていく傾向があり、一方で再び就職して働き始めたことでその傾向は消えたと示されています。

このことから、働いているか働いていないかという役割があるかどうかによって、性格まで変化させることがわかりました。

この調査から言えることは、職場内に役割があるかどうかによって、その人の「I am」は変わりレジリエンスが高まる可能性があるということです。

多くの人が、仕事において役割もなく、ただ働いている環境の中では、本来のポテンシャルは発揮されていきません。

同様に**障害者雇用においても、当事者にあった適材適所の役割を提供することで、彼らは本来の力を発揮し、企業に貢献できるようになっていく**ことでしょう。

「できる」がレジリエンスを高める

次は、レジリエンスの最後の「I can（私は○○できる）」です。

これはエリクソンのライフステージ論でいう、自主性、勤勉感を表しています。

自主性に関しては、自分で行動する積極性が育まれると、何かをする時に目的意識を持てるようになります。

勤勉性に関しては、自ら学んで物事を完成させたり、仲間やグループ行動から成功体験をしたりして、「できる」という有能感から自尊心が育まれるプロセスになります。

では「I can（私は○○できる）」とは具体的にどういうことでしょうか。

これは、人間関係や問題解決スキルなどのコンピテンスを表します。コンピテンスは、有能感とも訳されます。

レジリエンスチェックリスト（RC）で言えば、「私は何かする時に新しい方法を考えたり工夫したりすることができる」「私は人に考えや気持ちを伝えることができる」「私は必要がある時に自分から助けを求めることができる」などがあげられます。

皆さんも自分ができる力を発揮して、何かの条件の時に貢献したいと思うこともあるでしょう。

例えば、職場で自ら進んで「それ私できます。やりますよ」と言ってあげられるのは、どのような時でしょう。そのような場面をぜひ思い出して下さい。

「それ私できます。やりますよ」と気軽に言えるコンピテンスがあれば、職業生活の中で、人に貢献し、協力し合い、より良い関係が生まれて職場の中で良いポジションを作ることができるでしょう。

一方で、統合失調症の方の中には、コンピテンスが育まれておらず、「それ私できます。やりますよ」と言えずに、結果、職場で良いポジションが作れない場合もあります。自信がなく、指示待ちの働き方になれば、積極性がない、協力的ではない、受け身であるなどと思われて、誤解されることもあるでしょう。

そこで、会社での合理的配慮としては、指示待ちでいる当事者に対して、単純に「積極性がない」「協力的ではない」と考えるのではなく、「コンピテンスが低いので、消極的になっているかも」と仮説を立てて、自信が持てるように関わっていくことが大切です。

誰もが「それ私できます。やりますよ」と言えない分野、条件が必ずあるはずです。それを思い出してもらえれば、コンピテンスがない時の感覚を理解できるのではないでしょうか。

皆さんが「それ私できます。やりますよ」と言えることは、どのようなプロセスでコンピテンスが高まったのかを想像してみると、ヒントが見つかるかもしれません。

自己効力感——うまくいきそうだからやってみる！

心理学者のホワイト氏によれば、コンピテンス（有能感）は、自己効力感の側面を含むものであるとされています。

そこで今回は自己効力感について簡単に述べていきたいと思います。

バンデューラ氏は、ある課題や状況において自分がどの程度の「効力予期」を持っているかを知覚することを「自己効力感」と呼んでいます。

効力予期とは、自分がある状況において必要な行動をうまく遂行できると、自分の可能性を認知していることです。

簡単に言えば「うまくいきそうだからやってみる」という感覚でしょう。

では実際に自己効力感に良い影響を与える要因は何でしょうか。要因は四つあると言われています。

少々難しく書かれているため、意訳します。

①「以前もやったし、まぁこれだったらできるでしょう（達成経験）」
②「○○さんもやっていたから、そんな感じでやれば大丈夫でしょう（代理経験）」
③「○○さんが「自分ならできる」と言ってくれたし（言語的説得）」
④「話を聞いていたら、ワクワクして面白そうだしやりたくなってきた（生理的情緒的高揚）」

このように「だからやってみよう！」と思えることを自己効力感と呼びます。精神障害者雇用の研究者の多くからは、働くことで自分が社会に役に立っている実感は、自己の存在証明であり、自己効力感を高めることを示しています。つまり、働くことで自己効力感を高めアイデンティティを確立する、すなわち自分らしくリカバリーすることにつながっていきます。

もちろんただ働けば良いと言うわけではありません。職業生活の質が低い働き方では、自己効力感を高めることはできません。

そこで、統合失調症のレジリエンスのI canを高める要因は何かを探ることが重要です。

「I can」を高める要因

「I can」のレジリエンスを高めるソーシャルサポートの要因として、第1章の「統合失調症の人が最も必要とするサポートとは？（P19）」で示した次の項目が最も重要であると示しました。

情緒的提供サポートで、当事者の意見を取り入れてもらえる関係性が職場内にあることが、レジリエンスを高めることでした。

多くの人が、統合失調症＝助けてあげる存在とイメージしがちですが、実際は、ただサポートされて働きやすい環境があれば良い訳ではありません。

障害者雇用されている当事者の島田さん（仮名）の話を聞くと「今の職場は配慮をしてくれるし、自由にやらせてもらえて、とても良い働きやすい環境です」「ただ誰にも求められることもなく、本当にこのままでいいのか、何か物足りないと思ってしまいます」「もちろん仕事をし過ぎると体調が悪くなることもあるから、このままでいいと思うのだけど……」と話され、情緒的提供サポートがない現状に不安を抱いていました。

もちろん、当事者が困った時に相談できたり、体調が悪い時に助けてくれたりする人がいる職場は、彼らが仕事を継続する上で大切な力になるでしょう。

もう一歩進んで行う合理的配慮は、互いに尊重し、互いに意見を言い合えるコミュニケーションがある職場づくりが重要であるのではないでしょうか。

そして、これは統合失調症当事者だけに言えることではなく、良い職場は上司部下間でもお互いに意見を交換し、風通しの良い環境だと言われています。

合理的配慮を通して、より良い職場環境を作り出すことも可能ではないでしょうか。

完璧主義の落とし穴

「I can」を阻害する内的要因として「完璧主義」が挙げられます。

コンピテンス（有能感）を高めるには、まず自分を他の人と比べずに肯定でき、褒めることができ、励ますことができる心の働きが大切です。

しかし、完璧主義や勝ち負けの価値観が強い方は、理想の自分や他人と無意識レベルで比較するため、有能感の欲求が満たされにくい傾向があります。

周囲から「素晴らしい」「頑張っているね」と声をかけられたとしても、「普通に比べれば……」「昔に比べたら、できないことが多い」と悲観して、周りの声が入らず、自分で認めることができない方がいます。

そして「あの目標を達成したら……自信がつく」「資格が取れたら……堂々としていられる」と思い、努力して達成したとしても「あれができていない」「これができていない」と次々と自分を認められない思いが現れ、どれほどやり切ったとしても満足することができません。なぜなら、その根本には、他者との比較での、勝ち負け、優劣、損得で比べて自分の存在価値を見出しているからです。

長い入院生活から脱出した石井さん（仮名）ですが、就職し1年が過ぎた頃に、「働くことができるようになり、ようやく生活保護から抜けることはできました。仕事は順調で決して不満がある訳ではありませんが、転職を考えています」と相談がありました。

理由を聞くと「同年代と比べて焦りがあります。周りは正社員でバリバリ働いていて、契約社員の自分は何かダメな気がしています。ここ最近気持ちが落ち込んでいます」とのことでした。

石井さんは長い入院生活から努力して抜け出して、順調に回復し安定した生活が送れていました。同じ障害がある方の仲間からすると目指すべき憧れの存在でもあり、私も周りも石井さんの努力を認めていました。

しかし、石井さんから自分を見ると、そうとは感じておらず、今の自分を肯定的に思えていない様子だったのです。

話は変わりますが、なぜ昔の人は神や仏などの目には見えない世界を大切にして生きてきたのでしょうか。

ニーチェは、それを自分の存在価値を知るためと言います。

人間は自分を理解できる動物です。自分に意味をつける生き物です。「何のために生きているのか」と自分の存在理由を問い続ける存在です。

自分の存在理由を知るためには、他者や社会との関係性を通して自身の存在を確かめることが必要であり、その関係性が人の生きる力になります。

しかし、人は社会の中ではその他大勢の一人であって、存在理由を他人から全て確かめることは不可能です。

そのため、古代の人たちは、意識に形而上学的（神や仏など）概念を作り出す必要性があったのかもしれません。

どんなに苦しいことや上手くいかないことがあったとしても、神や仏からの愛や慈悲があると信じることで、自分の存在理由を確かめることができたのです。

このように、昔の人たちは知恵を使って、自分と他者の存在のバランスを保ち、自分らしく社会で生きていたのでしょう。今は科学により、その形而上学的な概念は否定され歴史の中から消されつつあります。

結果、他人の評価への意識が強くなって、恥と不安に捉われたり、他人の評価に依存したりする中で、自分らしさを失っています。「完璧でありつづけようとする囚われ」が、レジリエンスを下げていくことになります。

もちろん完璧主義をポジティブに考えると、しっかりやろうとする気持ちから行動に繋がるので、決して悪いわけではありません。

しかし、この観点に囚われ過ぎていると、いつまで経っても満足はしないし、自分を認められずに、結果的にレジリエンスを下げることになるでしょう。なぜなら、どんな人にとっても、上には上がいるからです。

うまくいって周りが褒めてくれても、完璧主義の価値観を持ち続ければ、常に誰かと比べて、自分は大したことはない、そんなことはないと言い、気持ちが落ち込みますし、周りが認めてくれた言葉は聞こえず、周りの人も残念な気持ちになるでしょう。

これに対しソーシャルワーカーのブレネー・ブラウン氏は、長年の研究から「自分の弱さを認め、不完全な自分であって良い」と思えることが、生きる力になると伝えています。

ありのままの自分をよしと思える気持ちが、レジリエンスを高め、職業生活の質を高めることにつながるでしょう。

不完全な自分であることを表現するのは、当事者にとって勇気のいる行動ですが、ありのままの自分を自己表現できれば、他人の目を気にせずに働くことが可能になるのではないでしょうか。

ここで合理的配慮として、当事者自身の弱さと感じていることを含めたことをありのまま表現する「リカバリーストーリー」を話せる機会を作れば、職場の人間関係を高め、自分の価値を見出すことができ、レジリエンスを高めていくことができるでしょう。

「リカバリーストーリー」とは精神疾患を経験した方が自分の生き方を主体的に追求する物語のことです。これも対話を通して、アイデンティティを再構築するリカバリーのプロセスになります。

第7章

その他のエビデンスが示したQWL

性別による職業生活の質の違い

最後に職業生活の質（QWL）の研究で明らかになったエビデンスを載せておきます。

仕事を続ける意思を高める職務満足感は、男女によって違う結果が示されました。**男性は「仕事内容」と「労働条件」で、女性は「仕事内容」と「人間関係」が重要**でした。

つまり、男の人は、やりがいが持てる仕事である、達成感があるという仕事内容と、賃金やキャリアアップがあるなどの労働条件を大切にしています。

一方で、女性は、仕事内容も重要であることが示されましたが、特に人間関係が職業生活の質に関係する重要な要素であることが明らかになりました。

女性は男性と比べて共感性が高いと言われています。そのためそのコミュニティで一度嫌われてしまうと職場にいられずに退職するケースがあります。

そうならないためにも職場での基本的なルールなどの仕組みを作るのも良いでしょう。焦って人とすぐに仲良くなりたいと思う方もいるので、徐々に人と関係を縮めていけるようなサポートをしていく必要もあるかもしれません。

この結果から、仕事を継続する意思を高めるには性別によって異なるサポートも必要でしょう。

しかし、これは統計的な傾向を示すものであるため、もちろん個人差があります。男性でも人間関係、女性でも労働条件が重要だと思う方もいるはずです。

あくまでこの傾向を参考にして合理的配慮を考えていただけたらと思います。

体調を崩した時の対処法

調子を崩した時に担当者はどのようにサポートすれば良いでしょうか。

職業生活の質の研究（ＱＷＬ）の結果を見ると、他者からの「注意助言」や「励まし」があることに対して、抑うつ感との関連は示しませんでした。

一方で、「私は安心して暮らせる環境にいる」という情況に対して低い抑うつ感を示したのです。

つまり、気持ちが落ち込んでいる、調子を崩している状況では、他者からの注意や助言、励ましなどの声かけはあまり効果がないと言えそうです。**調子が悪い時は、安心して過ごせる環境や関わりという「見守る姿勢」が必要であると**考えられます。

無理せずに医療との連携を取りながら、対応することをお勧めします。

レジリエンスチェックリストから見えるもの

グロッドバーク氏のレジリエンスチェックリストは26項目ありますが、職業生活の質（QWL）の研究では、その中で統合失調症の当事者の点数が低かった下位の項目五つを表します。

一つ目は「私はたいていの人に好かれていると思う」。

二つ目は「私は困ったことがあっても気持ちを切り替えることができる」。

三つ目は「私はユーモアで不安や緊張を和らげることができる」。

四つ目は「私は計画的に物事を勧められると思う」。

最後の五つ目は「私は衝動的にならずに自分の感情を統制できる」でした。

これらを言い換えれば、被害的に考えがちで一つのことにこだわりやすく、緊張感が強く、見通しを立てることが苦手で、感情的になりやすい傾向があるということです。

この結果から合理的配慮を考えるとしたら、明るく笑顔で接し、業務のフィードバックを定期的に行い、安心して取り組めるスペースを作り、マルチタスクではなく一つのことを集中できるようにサポートすることが必要であると考えられます。

おわりに

本を書き上げて、自分が歩んだ道をまとめ一つ区切りをつけることができたと感じています。

私自身が25歳の時に体調を崩し、その後「自分は何をすべきなのか」と生きる道を見失っていた時に、精神障害の方と出会いました。道に迷っている彼らを支援させてもらいながらも、「自分とは何か」「何者であるのか」という私自身のあり方に直面しながら成長させてもらえたと感じています。

当時の上司からは、「精神障害者支援をすれば、今まで見えないものが見えてくるよ」「より成長できる良い仕事ですよ」と話してもらいました。

ただ、当時の私は目に見える成果は得られず、真っ暗の中手がかりがなくもがいていましたので、その意味があまり分かりませんでした（今は分かりますが）。

そんな苦しく不安な日々が何年も続きました。

そんな時に、以前夜の仕事をされていた当事者の方から「男は30歳までに挫折は必ずするよ」「ただ、そこを乗り越えるか、乗り越えないかでその後は変わっていくものなのよ」と言われました。

私はその言葉になぜかとても力づけられ救われました。

「誰にでも挫折は当たり前にあることなのだ」

「それを乗り越えることで未来が見えるのか」

「今頑張っていることに間違いはない。このまま進めば大丈夫」

と、彼女の言葉から希望を感じることができました。その方にとっては何気なく言った言葉なのかもしれませんが、私にとってとても響く言葉でした。

言葉一つで人生の見え方が変わる体験でした。

本書でも「希望」は大切であることを何度かお伝えしました。

それはどの言葉やきっかけで感じられるかはわかりません。

私の場合はたまたま当事者の言葉が私の希望になりました。

希望を感じた時に、力が湧いて、周りの景色も変わり、前を向いて進むことができるようになりました。

そんなことも、この本を書きながら思い出すことができました。

企業の方々には、当事者の方々に希望を生み出す言葉を一緒に対話の中で見つけ出してほしいと考えています。

希望を生み出す言葉はたくさんありますが、どの言葉がその人を力づけられるかは分かりません。

その確率を高めるためには、対話をし続けることが大切でしょう。

それを探せることが精神障害者の支援をする楽しみだと思います。

当事者を元気にし、自分も元気になり、会社も元気にしていく源になるはずです。

この職業生活（QWL）の質の研究に際して、関係機関の多くのスタッフのご協力によって、企業で働く統合失調症の調査をすることができました。

調査にあたっては、一軒一軒に電話をしてくださったり、会社にわざわざ出向き調査票を書いてもらったり、他の就労支援機関に呼びかけてつないでくださったり、と本来の業務があるにもかかわらず、煩わしい調査を行ってくださいました。

協力していただいた27の関係機関の皆様に、心から感謝を申し上げたいと思います。本調査の回答者である働いている当事者の方には、日々の仕事で大変疲れている中で、非常にボリュームのある調査票にもかかわらず、時間をかけて取り組んでいただきました。

皆さんのおかげで、一般企業で働く統合失調症の方々の貴重な知見を得ることができました。心より感謝を申し上げたいと思います。そして、研究するにあたり、勇気と力を与えてくださった筑波大学の八重田淳先生に、この場をお借りして心より感謝の意を申し上げたいと思います。

最後に、執筆にあたって、かざひの文庫の磐﨑様、編集の中村様、そして職場のスタッフの皆様の協力なしにこの本は書けなかったと思います。心より感謝申し上げたいと思います。

参考文献

『調査研究報告書No.137障害者の就業状況等に関する調査研究』／障害者職業総合センター（2017）

『働く精神障害者の職業生活の質（Quality of Working Life）に関する研究』／松岡広樹、八重田淳／筑波大学大学院人間総合科学研究科（2015）

『雇用・人材開発の日欧比較：ダイバーシティ&インクルージョンの視点からの分析』／二神枝保／中央経済社（2020）

『漱石文学が物語るもの－神経衰弱者への畏敬と癒し』／高橋正雄／みすず書房（2009）

『精神障がい者の離職率に関する研究－最近10年間の分析－』／福井信佳、酒井ひとみ、橋本卓也／保健医療学雑誌（2014）

『精神障害者職業リハビリテーション』／アンソニー、コーエン／訳・岡上和雄／中央法規出版（1990）

『フロー体験入門－楽しみと創造の心理学』／M・チクセントミハイ／訳・大森弘／世界思想社（2010）

『簡易ソーシャル・サポート・ネットワーク尺度（BISSEN）の開発』／相羽美幸、太刀川弘和、福岡欣治、遠藤剛、白鳥裕貴、松井豊、朝日隆／精神医学（2013）

『まんがでわかる7つの習慣』／小山鹿梨子／宝島社（2013）

『The Health Benefits of Writing about Life Goals』／L・キング／Psychology・Personality and Social（2001）

『へコんでも折れないレジリエンス思考』／小玉正博／河出書房新社（2014）

『脳から見た日本精神～ボケない脳をつくるためにできること～』／篠浦信禎／かざひの文庫（2019）

『ストレス状況における精神障害者の成長とその支援に関する研究』／英一也、高橋正雄／筑波大学大学院人間総合科学研究科（2011）

『心の健康を支える「ストレス」との向き合い方　BSCPによるコーピング特性評価から見えること』／影山隆之、小林敏生／金剛出版（2017）

『読めば気持ちがす～っと軽くなる 本人・家族に優しい統合失調症のお話 ココロの健康シリーズ』／功刀浩／翔泳社（2018）
『統合失調症と認知機能障害』／倉知正佳／精神医学（2013）
『精神分裂病患者の離職』／片山成仁、宮内勝、安西信雄／精神医学（1992）
『統合失調症と認知機能障害』／倉知正佳／精神医学（2013）
『資料シリーズ2 Fountain House方式のクラブハウスモデルと過渡的雇用プログラム』／高木美子／日本障害者雇用促進協会（1992）
『精神障害者の就労支援における認知行動療法の効果の検討－SSTおよび心理教育を中心に用いて－』／池田浩之、森下祐子、茂木省太、中井嘉子、井澤信三／行動療法研究（2012）
『統合失調症患者の就労継続能力に関する研究』／中川正俊／臨床精神医学（2003）
『統合失調症の認知機能改善療法』／松井三枝／金剛出版（2011）
『自己決定理論における動機づけ概念間の関連性－メタ分析による相関の統合－』岡田涼／パーソナリティ研究（2010）
『精神障害者の援助付き雇用および個別職業紹介とサポートに関する効果についての長期的な追跡研究のシステマチック・レビュー』／片山優美子、山口創生、種田綾乃、吉田光爾／社会福祉学（2013）
『慢性疾患児用レジリエンスチェックリストの信頼性と妥当性』／鎌田玉美、八重田淳／筑波大学大学院教育研究科（2015）
『職務満足感と心理ストレス－組織と個人のストレスマネジメント－』／島津美由紀／風間書房（2004）
『新人看護師のレジリエンス、受容したメンタリング、自尊感情の関連性』砂見緩子、八重田淳／平成23年度文部科学省科学研究費補助金（基盤研究C：22592417）（2011）
『統合失調症者における家族の協力度・困難度・理解度の認識の比較』／鈴木美穂、森千鶴／Yamanashi Nursing Journal（2004）NTT出版（2007）
『メタ認知療法－うつの不安の新しいケースフォーミュレーション』／エイドリアン・ウェイズ／日本評論社（2012）

『Personality change following unemploy ment』／Boyce, C. J. Wood, A. M., Daly, M., & Sedikides, C.／Journal of Applied Psychology

『精神障害をもつ人たちのワーキングライフ-IPS:チームアプローチに基づく援助付き雇用ガイド』／大島巌、松為信雄、伊藤順一郎／金剛出版（2004）

『ゲームにすればうまくいく〈ゲーミフィケーション〉9つのフレームワーク』深田浩嗣／NHK出版（2012）

『オープンダイアローグ』／ヤーコ・セイックラ、トム・エーリク・アーンキル／訳・高木俊介／日本評論社（2016）

『クライシス・プランは"11のステップ"でつくる！－作成・導入・運用時のポイントを総ざらい』野村照幸／訪問看護と介護（2017）

『自己効力感とレジリエンスを高める看護の実践』／バーバラ・レズニック／訳・任和子／学研メディカル秀潤社（2020）

『パフォーマンスアップ3つの法則－組織と個人の成果にブレークスルーを起こす法』／スティーヴ・ザフロン、デイヴ・ローガン／ダイレクト出版（2011）

『現実はいつも対話から生まれる 社会構成主義入門』／ケネス・J・ガーゲン、メアリー・ガーゲン／訳・伊藤守／ディスカヴァー・トゥエンティワン（2018）

『わかりやすいはわかりにくい？ 臨床哲学講座』／鷲田清一／ちくま新書（2010）

『アドラー心理学入門 －よりよい人間関係のために』／岸見一郎／KKベストセラーズ（1999）

『アイデンティティ生涯発達論の射程』／岡本祐子／ミネルヴァ書房（2002）

『勤労者を対象とした心理的ストレス反応尺の項目反応理論による検討』／田中健吾／大阪経済大学論集（2012）

『本当の勇気は「弱さ」を認めること』／ブレネー・ブラウン／訳・門脇陽子／サンマーク出版（2013）

厚生労働省『平成20年度障害者保健福祉推進事業障害者自立支援調査研究プロジェクト 精神障害者のリカバリーを促進するプログラムの実践と評価』（2008）

厚生労働省『第13回 地域で安心して暮らせる精神保健医療福祉体制の実現に向けた検討会』
https://www.mhlw.go.jp/content/12200000/000940708.pdf

厚生労働省『リラクセーションYOGA｜ポジシェア｜こころの耳』
https://kokoro.mhlw.go.jp/ps/relaxation/

国立精神・神経医療研究センター精神保健研究所地域精神保健・法制度研究部『家族支援情報提供ツール』
https://www.ncnp.go.jp/nimh/chiiki/tool/21.html

松岡 広樹（まつおか ひろき）

1975年、埼玉県川口市生まれ。一般社団法人キャリカ代表理事、立正大学特任准教授。20年間ソーシャルワーカーとして、障害者の就労支援に携わる。筑波大学大学院で職業リハビリテーションの研究を行った。研究に基づく実践が評価され「茗渓会賞」を受賞。41歳で一般社団法人キャリカを設立。障害者の就労支援を通して、ソーシャルインクルージョンへの取り組みを行っている。

統合失調症《とうごうしっちょうしょう》の人《ひと》と働《はたら》くために知《し》っておきたいこと

みんなが幸《しあわ》せになる精神障害者《せいしんしょうがいしゃ》雇用《こよう》

松岡広樹《まつおかひろき》 著

2023年2月2日　初版発行

発行者　磐﨑文彰
発行所　株式会社かざひの文庫
〒110-0002　東京都台東区上野桜木2-16-21
電話／FAX 03(6322)3231
e-mail:company@kazahinobunko.com http://www.kazahinobunko.com

発売元　太陽出版
〒113-0033　東京都文京区本郷3-43-8-101
電話 03(3814)0471　FAX 03(3814)2366
e-mail:info@taiyoshuppan.net http://www.taiyoshuppan.net

印刷・製本　モリモト印刷
編集協力　中村百
装　　丁　モノグラフ
イラスト　マナティ

ISBN978-4-86723-119-7